UNE FILLE

DU RÉGENT.

Sceaux. — Impr. E. Dépée.

UNE FILLE

DU RÉGENT

PAR

Alexandre Dumas.

 H

PARIS
ALEXANDRE CADOT, ÉDITEUR,
52, RUE DE LA HARPE.

1845

I

La Visite.

Toute cette scène, comme nous l'avons dit, s'était passée dans la ruelle qui s'étendait sous les fenêtres d'Hélène; elle avait donc entendu le bruit de la rixe, et comme au milieu de toutes ces voix elle avait cru entendre celle du chevalier, elle s'était approchée avec inquiétude de la fenêtre, lorsqu'en ce moment même la porte de sa chambre s'ouvrit, et madame Desroches entra.

Elle venait prier Hélène de passer au salon, la personne qui devait lui faire visite étant arrivée.

Hélène tressaillit et se sentit prête à défaillir. Elle voulut interroger ; mais la voix lui manqua. Elle suivit donc madame Desroches, muette et tremblante.

Le salon dans lequel l'introduisait sa conductrice était sans lumière aucune, toutes les bougies en avaient été soigneusement éteintes, et la cheminée seule dans, laquelle brillait encore un reste de feu, lançait sur le tapis une lueur imperceptible qui ne montait pas jusqu'au visage. Encore madame Desroches prit-elle une carafe et versa-t-elle sur cette flamme mourante un peu d'eau qui fit rentrer la chambre dans une complète obscurité.

Alors madame Desroches, après avoir recommandé à Hélène de n'avoir aucune crainte, se retira.

Un instant après, la jeune fille entendit une voix derrière cette quatrième porte, qui ne s'était pas encore ouverte.

Elle tressaillit au son de cette voix.

Elle fit presque malgré elle quelques pas

dans la direction de cette porte, et écouta avidement.

— Est-elle prête? disait la voix.

— Oui, Monseigneur, répondit madame Desroches.

— Monseigneur! murmura Hélène, qui donc, mon Dieu, va venir ici?

— Ainsi elle est seule?

— Oui, Monseigneur.

— Prévenue de mon arrivée?

— Oui, Monseigneur.

— Nous ne serons pas interrompus?

— Monseigneur peut compter sur moi.

— Et pas de lumière ?

— Obscurité complète.

On entendit les pas qui se rapprochaient, puis ils s'arrêtèrent.

— Voyons, franchement, madame Desroches, dit la voix, l'avez-vous trouvée aussi jolie qu'on le dit ?

— Plus belle que ne le peut se figurer Votre Altesse.

— Votre Altesse ! mon Dieu ! que dit-elle donc là ? murmura la jeune fille prête à s'évanouir.

Au même instant la porte du salon

grinça sur les gonds dorés, un pas assez lourd, bien qu'étouffé par un épais tapis, fit en s'approchant craquer le parquet, Hélène sentit tout son sang qui affluait vers son cœur.

— Mademoiselle, dit la même voix, veuillez, je vous prie, me recevoir et m'entendre.

— Me voici, murmura Hélène presque mourante.

— Vous êtes effrayée?

— Je l'avoue, Mon..., dirais-je monsieur ou monseigneur?

— Dites mon ami.

En ce moment sa main toucha celle de l'inconnu.

— Madame Desroches, êtes-vous là? s'écria Hélène en se reculant malgré elle.

—Madame Desroches, reprit la voix, dites à mademoiselle qu'elle est aussi en sûreté ici que dans un temple, devant Dieu.

— Oh! Monseigneur, je suis à vos pieds, pardonnez-moi.

— Mon enfant, relevez-vous et asseyez-vous ici. Madame Desroches, fermez toutes les portes, et maintenant, continua l'inconnu, revenant à Hélène, donnez-moi votre main, je vous prie.

Hélène étendit sa main, qui rencontra

pour la seconde fois celle de l'étranger ; mais qui ne s'éloigna plus.

— On dirait qu'il tremble aussi, murmura-t-elle.

— Voyons, qu'avez-vous, dit l'inconnu, est-ce que je vous fais peur, chère enfant ?

— Non, répondit Hélène ; mais en sentant votre main serrer la mienne, une sensation étrange... un frémissement incompréhensible.

— Parlez-moi, Hélène, dit l'inconnu avec une expression de tendresse infinie. Je sais déjà que vous êtes belle ; mais c'est la première fois que j'entends le son de votre voix. Parlez, je vous écoute.

— Mais vous m'avez donc déjà vue? demanda gracieusement Hélène.

— Vous rappelez-vous qu'il y a deux ans l'abbesse des Augustines fit faire votre portrait?

—Oui, je me souviens, par un peintre qui vint tout exprès de Paris, à ce qu'on m'assura.

— Ce peintre, c'est moi qui l'avais envoyé à Clisson,

— Et ce portrait vous était destiné?

—Ce portrait le voici, répondit l'inconnu en tirant de sa poche une miniature que l'on ne pouvait voir, mais qu'il fit toucher à Hélène.

— Mais quel intérêt pouvez-vous avoir à faire faire et ensuite à garder ainsi le portrait d'une pauvre orpheline ?

— Hélène, répondit l'inconnu après un instant de silence, je suis le meilleur ami de votre père.

— De mon père ! s'écria Hélène. Est-il donc vivant ?

— Oui.

— Et je le reverrai un jour ?

— Peut-être.

— Oh! soyez béni, reprit Hélène en serrant à son tour les mains de l'inconnu, soyez béni, vous qui m'apportez cette bonne nouvelle.

— Chère enfant, murmura l'inconnu.

— Mais s'il vit, continua Hélène avec un léger sentiment de doute, comment donc a-t-il tant tardé à s'informer de sa fille?

— Il avait de vos nouvelles tous les mois, et quoique de loin, il veillait sur vous, Hélène.

— Et cependant, reprit Hélène avec un accent de respectueux reproche, vous l'avouez vous-même, depuis seize ans il ne m'a pas vue.

— Croyez, reprit l'inconnu, qu'il a fallu des considérations de la plus haute importance pour qu'il se privât de ce bonheur.

—Je vous crois, Monsieur; ce n'est point à moi d'accuser mon père.

— Non; mais c'est à vous de lui pardonner s'il s'accuse lui-même.

—A moi de lui pardonner! s'écria Hélène étonnée.

—Oui; et ce pardon, qu'il ne peut vous demander lui-même, chère enfant, c'est moi qui viens vous le demander en son nom.

— Monsieur, dit Hélène, je ne vous comprends pas.

— Écoutez-moi donc, dit l'inconnu.

— J'écoute.

— Oui, mais d'abord rendez-moi votre main.

— La voici.

Il y eut un instant de silence, comme si l'inconnu voulait d'un seul coup rappeler tous ses souvenirs ; puis il continua :

— Votre père avait un commandement dans les armées du feu roi ; à la bataille de Werwinde, où il avait chargé à la tête de la maison du roi, un de ses écuyers, nommé M. de Chaverny, tomba près de lui, percé d'une balle ; votre père voulut le secourir; mais la blessure était mortelle, et le blessé, qui ne s'abusait pas sur sa position, lui dit en secouant la tête : « Ce n'est pas à moi qu'il faut penser, mais à ma fille. » Votre père lui serra la main en signe de promesse, et le blessé, qui s'était soutenu sur un genou, retomba et mourut, comme s'il n'eût attendu que cette assurance pour fermer les yeux. Vous m'écoutez, n'est-ce pas, Hélène, interrompit l'inconnu.

— Oh! vous le demandez, s'écria la jeune fille.

—En effet, continua le narrateur, la campagne terminée, le premier soin de votre père fut de s'occuper de la petite orpheline;

c'était une charmante enfant de dix à douze ans, qui promettait à cet âge d'être belle comme vous l'êtes à présent. La mort de M. de Chaverny, son père, lui enlevait tout appui et toute fortune, votre père la fit entrer dans le couvent de la Visitation des dames du faubourg Saint-Antoine, et annonça d'avance que lorsque l'âge de la pourvoir serait venu, c'était lui seul qui se chargeait de la dot.

— Merci, mon Dieu, s'écria Hélène; merci de m'avoir fait la fille d'un homme qui tenait si fidèlement sa promesse.

— Attendez, Hélène, reprit l'inconnu, car voici le moment où votre père va cesser de mériter vos éloges.

Hélène se tut, et l'inconnu continua :

— Votre père, en effet, comme il s'y était engagé, veilla sur l'orpheline qui atteignit sa dix-huitième année, c'était alors une adorable jeune fille, aussi votre père sentit-il que ses visites au couvent devenaient plus fréquentes et plus longues qu'il ne convenait. Votre père commençait à aimer sa pupille, son premier mouvement fut de s'effrayer de cet amour, car il songeait à la promesse qu'il avait faite à M. de Chaverny blessé et mourant, et il comprenait que c'était la mal tenir que de séduire sa fille ; aussi, pour lui venir en aide, chargea-t-il la supérieure de s'informer d'un parti convenable à mademoiselle de Chaverny, et apprit-il d'elle, que son neveu, jeune gentilhomme de Bretagne, ayant vu sa pensionnaire en venant la visiter elle-même, en était devenu amoureux, et s'était déjà ouvert à elle du grand désir qu'il aurait d'obtenir sa main.

— Eh bien! Monsieur? demanda Hélène, voyant que l'inconnu hésitait à continuer :

— Eh bien! l'étonnement de votre père fut grand, Hélène, lorsqu'il apprit de la bouche même de la supérieure que mademoiselle de Chaverny avait répondu qu'elle ne voulait pas se marier et que son plus vif désir était de demeurer dans le couvent où elle avait été élevée, et que le jour le plus heureux de sa vie serait celui où elle y prononcerait ses vœux.

— Elle aimait quelqu'un, dit Hélène.

— Oui, mon enfant, répondit l'inconnu, vous l'avez deviné ; hélas! on ne peut fuir sa destinée. Mademoiselle de Chaverny aimait votre père, longtemps, elle renferma son secret dans son cœur, mais un jour que votre père la pressait de renoncer à cet étrange projet de prendre le voile, la pauvre enfant ne pouvant y tenir plus longtemps, lui avoua tout. Fort contre son amour tant qu'il n'avait pas cru son amour partagé, il faiblit lorsqu'il vit qu'il n'avait plus qu'à désirer pour obtenir; ils étaient si jeunes tous deux ! Votre père avait vingt-cinq ans à peine, mademoiselle de Chaverny n'en avait pas encore dix-huit, qu'ils oublièrent le monde entier pour ne se souvenir que d'une chose, c'est qu'ils pouvaient être heureux.

— Mais, puisqu'ils s'aimaient ainsi, demanda Hélène, pourquoi ne se mariaient-ils pas ?

— Parce que, répondit l'inconnu, toute union était impossible entr'eux à cause de la distance qui les séparait; ne vous a-t-on pas dit, Hélène, que votre père était un très grand seigneur.

— Hélas! oui, répondit Hélène, je le sais.

— Pendant un an, continua l'inconnu, leur bonheur fut entier et dépassa leurs propres espérances ; mais au bout d'un an Hélène, vous vîntes au monde, et...

— Et..... murmura timidement la jeune fille.

— Et votre naissance coûta la vie à votre mère.

Hélène éclata en sanglots.

— Oui, continua l'inconnu d'une voix émue par ses souvenirs, oui, pleurez, Hélène, pleurez votre mère, car c'était une sainte et digne femme, dont à travers ses chagrins, ses plaisirs, ses folies peut-être, votre père, je vous le jure a gardé un noble souvenir; aussi reporta-t-il sur vous tout l'amour qu'il avait pour elle.

— Et cependant, dit Hélène avec un léger accent de reproche ; mon père a consenti à m'éloigner de lui, et cependant depuis ma naissance mon père ne m'a pas revue.

— Hélène, reprit l'inconnu, sur ce point pardonnez à votre père, car sur ce point, il n'y a pas de sa faute ; vous vîntes au monde en 1703, c'est-à-dire au moment le plus austère du règne de Louis XIV. Votre père était déjà tombé dans la disgrâce du Roi ou plutôt dans celle de madame de Maintenon, pour vous peut-être plus encore que pour lui, il se décida à vous éloigner, il vous envoya en Bretagne, vous confia à la bonne mère Ursule, supérieure du couvent où vous avez été élevée. Enfin, le roi Louis XIV étant mort, et toutes choses ayant changé en France, il s'est décidé à vous faire venir près de lui; pendant toute la route, au reste, vous avez dû remarquer que sa sollicitude veillait sur vous, et aujourd'hui même, quand il a su que vous deviez arriver à Rambouillet; eh bien, il n'a pas eu le courage d'attendre à demain, il est venu au devant de vous, Hélène.

— O mon Dieu, s'écria Hélène, serait-il vrai.

— Et, en vous revoyant ou plutôt en vous écoutant, il a cru entendre votre mère, même visage, même pureté dans l'expression, même accent dans la voix. Hélène! Hélène! soyez plus heureuse qu'elle, c'est du fond de son cœur qu'il le demande au ciel.

— Oh! mon Dieu, s'écria Hélène... cette émotion dans votre main qui tremble, Monsieur, Monsieur, vous dites que mon père est venu au-devant de moi.

— Oui.

— Ici, à Rambouillet.

— Oui.

— Vous dites qu'il a été heureux de me revoir.

— Oh! oui, bien heureux.

— Mais ce bonheur-là ne lui a point suffi, n'est-ce pas, il a voulu me parler, il a voulu me dire lui-même l'histoire de ma naissance, il a voulu que je puisse le remercier de son amour, tomber à ses genoux, lui demander sa bénédiction, Oh! s'écria Hélène, en s'agenouillant, oh! je suis à vos pieds, bénissez-moi, mon père!

— Hélène, mon enfant, ma fille, s'écria l'inconnu, oh! pas à mes genoux, dans mes bras, dans mes bras.

— Oh! mon père, mon père, murmura Hélène.

— Et cependant, continua l'inconnu, cependant j'étais venu dans une autre intention, j'étais venu décidé à tout nier, à rester un étranger pour toi, mais en te sentant là près de moi, en serrant ta main, en écoutant ta voix si douce, je n'en ai pas eu la force, seulement ne me fais pas repentir de ma faiblesse, et qu'un secret éternel.... .

— Par ma mère, je vous le jure, s'écria Hélène.

— Eh bien, c'est tout ce qu'il faut, reprit l'inconnu, maintenant écoutez-moi, car il faut que je vous quitte.

— Oh! déjà, mon père.

— Il le faut.

— Ordonnez, mon père, j'obéis.

— Demain, vous partirez pour Paris, la

maison qui vous est destinée vous attend, madame Desroches qui a mes instructions, vous y conduira, et là, au premier moment que me laisseront mes devoirs, j'irai vous voir.

— Bientôt, n'est-ce pas, mon père, car n'oubliez pas que je suis seule au monde.

— Le plus tôt que je pourrai.

Et, approchant une dernière fois ses lèvres du front d'Hélène, l'inconnu y déposa un de ces suaves et chastes baisers qui sont aussi doux au cœur d'un père, qu'un baiser d'amour est doux au cœur d'un amant.

Dix minutes après, madame Desroches

rentra une bougie à la main, Hélène était agenouillée et priait la tête appuyée sur un fauteuil, elle leva les yeux et, sans interrompre sa prière, fit signe à madame Desroches de poser la bougie sur la cheminée ; madame Desroches obéit et se retira.

Hélène pria quelques minutes encore, puis elle se leva, regarda tout autour d'elle, car il lui semblait sortir d'un rêve ; mais tous les objets témoins de cette entrevue de la jeune fille avec son père, étaient encore là présents et parlants pour ainsi dire. Cette bougie solitaire apportée par madame Desroches, et qui n'éclairait qu'à peine l'appartement, cette chaise et ce fauteuil encore près l'un de l'autre ; cette porte toujours fermée jusque-là et qu'en se retirant madame Desroches avait laissée entr'ouverte, et plus que cela encore, l'émotion profonde qu'éprouvait la jeune fille ; lui faisaient comprendre que ce n'était pas un rêve dont elle sortait, mais un grand et réel événement qui venait de s'accomplir dans sa vie.

Puis au milieu de tout cela, le souvenir de Gaston revenait à son esprit, ce père qu'elle craignait tant de voir, ce père si bon et si affectueux, ce père qui avait tant aimé lui-même et tant souffert de son amour, ne contraindrait certes pas sa volonté ; d'ailleurs Gaston, sans être d'une race ni historique ni illustre, était le dernier rejeton d'une des plus vieilles familles de la Bretagne; plus que tout cela elle aimait Gaston à mourir si elle était séparée de lui, et si son père l'aimait véritablement son père ne voudrait pas sa mort.

Il y avait peut-être bien aussi de la part de Gaston quelqu'empêchement, mais ces obstacles ne pouvaient être que légers en comparaison de celui qui eut pu s'élever de son côté; cet obstacle s'applanirait donc comme les autres, et cet avenir que ces jeunes gens avaient entrevu si sombre, déjà redevenu pour Hélène plein d'espérance, redeviendrait bientôt pour tous deux plein d'amour et de bonheur.

Hélène s'endormit sur ces riantes pensées et de sa veille joyeuse passa à de doux rêves.

De son côté Gaston, rendu à la liberté, avec force excuses de la part de ceux qui l'avaient arrêté et qui prétendaient l'avoir pris pour un autre, était allé ramasser plein d'anxiété son habit et son manteau, qu'il avait à sa grande joie retrouvé à la même place, puis accourant aussitôt à l'hôtel du Tigre-Royal, il s'était soigneusement enfermé dans sa chambre et avait précipitamment ouvert son portefeuille. Son portefeuille était dans le même état où il l'avait laissé, parfaitement intact, et dans la poche particulière, il retrouva la moitié de la pièce d'or et l'adresse du capitaine Lajonquière que pour plus grande sûreté même il brûla aussitôt.

Puis sinon plus joyeux, du moins plus

tranquille, attribuant l'événement de sa soirée, à l'un de ces mille accidents qui peuvent assaillir un promeneur nocturne, il se retira dans sa chambre et après avoir donné à Oven, ses instructions pour e lendemain, il se coucha, murmurant le nom d'Hélène comme Hélène avait murmuré le sien.

Pendant ce temps, deux voitures partaient de l'hôtel du Tigre-Royal, la première dans laquelle étaient deux gentilshommes en livrée de chasse, était ardemment éclairée et précédée et suivie de deux piqueurs à cheval.

La seconde sans lanterne et qui renfermait un simple voyageur, enveloppé de son manteau, suivait la première à deux cents pas de distance sans la perdre un instant de vue ; à la barrière de l'Étoile seulement ils se séparèrent, et tandis que la voiture ardemment éclairée s'arrêtait au pied du grand escalier du Palais Royal, la voiture sans lumière s'arrêtait à la petite porte de la rue de Valois.

Toutes deux d'ailleurs étaient arrivées sans accidents.

II

Où Dubois prouve que sa police particulière était mieux faite pour 500,000 livres, que notre police générale n'est faite pour trois millions.

Quelles que fussent les fatigues de ses nuits, et qu'il les eût passées en courses ou en orgies, le duc d'Orléans ne changeait rien à la disposition de ses journées. Toutes les matinées étaient livrées aux affaires, et les diverses sortes d'affaires avaient

leurs jours. Ordinairement il commençait
à travailler seul ou avec Dubois, avant
même de s'habiller, puis venait son lever,
qui était court, et pendant lequel il recevait peu de monde. Ce lever était suivi
d'audiences qui, en général, le tenaient
jusqu'à onze heures ou midi ; puis venaient
les chefs des conseils : La Vrillère, d'abord, puis Leblanc, qui lui rendait compte
de ses espionnages ; puis Torey, qui lui
rapportait les lettres importantes qu'il
avait soustraites ; puis enfin, le maréchal
de Villeroy, avec lequel, dit Saint-Simon,
il ne travaillait pas, mais piaffait. Sur les
deux heures et demie, on lui apportait son
chocolat, la seule chose qu'il prît le matin
et qu'il prenait devant tout le monde, en
causant et en riant. Ce repos, intervalle

dans sa journée, durait une demi-heure, puis venait l'audience des femmes; l'audience terminée, il passait ordinairement chez madame la duchesse d'Orléans, d'où il sortait pour aller au conseil de régence ou pour aller saluer le jeune roi, qu'il voyait invariablement une fois par jour, soit à une heure, soit à une une autre, et qu'il n'abordait ou ne quittait qu'avec un air de respect et des révérences qui apprenaient à chacun de quelle façon on devait parler à un roi. Ce programme était augmenté une fois la semaine de la réception des ministres étrangers, et les dimanches et fêtes, d'une messe dite et entendue dans la chapelle particulière.

A six heures du soir, s'il y avait conseil, à cinq heures, s'il n'y en avait pas, tout était fini, et il n'était plus question d'affaires. Le régent, alors, allait ou à l'Opéra ou chez madame de Berry, mais cette dernière distraction avait besoin d'être remplacée par une autre, car, ainsi que nous l'avons vu au commencement de cette histoire, il était brouillé avec sa fille bien-aimée à cause de son mariage avec Riom, puis venait l'heure de ces fameux soupers, lesquels ont fait tant de bruit et qui avaient lieu, l'été à Saint-Cloud ou à Saint-Germain et l'hiver au Palais-Royal.

Ces soupers se composaient de dix à quinze personnes, rarement moins, rarement plus; à ces soupers il y avait de tout.

Les habitués en hommes étaient le duc de Broglie, Noël Brancas, Biron Canillac, puis quelques jeunes gens de traverse, comme les appelle Saint-Simon, brillants par leur esprit ou par leurs débauches. Les femmes étaient mesdames de Parabère de Phalaris, de Sabran et d'Averne; quelque fille d'Opéra en renom, chanteuse ou danseuse, souvent la duchesse de Berry. Il va sans dire que la personne de son Altesse Royale ajoutait quelquefois à la licence de ces soupers, mais n'en retranchait jamais rien.

C'était dans ces soupers où régnait l'égalité la plus absolue, que rois, ministres, conseillers, dames de la cour, tout était passé en revue, épluché, étrillé, fouillé. Là, la langue française arrivait à la liberté de la langue latine ; là, tout, tout se racontait, se disait ou se faisait, pourvu que ce fût spirituellement raconté, dit ou fait. Aussi ces soupers avaient-ils un tel charme pour le régent, que lorsque l'heure était venue et que le dernier convive était arrivé, derrière lui on fermait et on barricadait les portes, et cela de telle façon que quelque affaire qui pût survenir, intéressât-elle le roi, intéressât-elle la France, intéressât-elle le régent lui-même, il était inutile de tenter de percer jusqu'à lui : la clôture durait jusqu'au lendemain matin.

Quant à Dubois, il était rarement de ces soupers que sa mauvaise santé lui défendait. Aussi était-ce le moment que ses ennemis choisissaient pour le déchiqueter : le duc d'Orléans riait à gorge déployée des attaques contre son ministre, et, comme les autres, donnait son coup de bec, de griffe ou de dent à la carcasse décharnée de son ex-gouverneur. Dubois savait parfaitement que pour la plupart du temps, c'était lui qui faisait les frais du souper, mais comme il savait aussi que le matin le régent avait toujours et invariablement oublié ce qui s'était dit dans la nuit, ils s'inquiétait peu de tous ces assauts qu'on livrait à son crédit démoli chaque nuit et croissant chaque jour.

C'est qu'aussi le régent, qui se sentait alourdi de jour en jour, savait qu'il pouvait compter sur la vigilance de Dubois.

Dubois veillait quand le régent dormait, soupait ou courait. Dubois, qui semblait ne pouvoir se tenir sur les jambes, était infatigable. Il était à la fois au Palais-Royal, à Saint-Cloud, au Luxembourg et à l'Opéra, il était partout où était le régent, passant derrière lui comme une ombre, montrant sa figure de fouine dans un corridor, entre les deux portes d'un salon, derrière le carreau d'une loge. Dubois enfin semblait avoir le don de l'ubiquité.

En rentrant de sa course à Rambouillet, où nous l'avons vu veiller autour du régent avec tant de sollicitude et d'assiduité, il avait fait appeler maître Tapin, qui monté sur un excellent cheval anglais et habillé en piqueur, s'était mêlé à la suite du prince et était revenu avec elle sans être reconnu, grâce à l'obscurité ; il avait causé avec lui une heure, lui avait donné ses instructions pour le lendemain, avait dormi quatre ou cinq heures ; puis enfin s'était levé, et à sept heures, enchanté des avantages qu'il avait conquis sur le régent et dont il espérait bien tirer parti, il se présentait à la petite porte de la chambre à coucher que le valet de chambre de son Altesse Royale ouvrait toujours à sa première réquisition, le duc d'Orléans ne fût-il pas seul.

Le régent dormait encore.

Dubois s'approcha de son lit et le regarda quelque temps avec ce sourire qui tenait à la fois du singe et du démon.

Enfin, il se décida à l'éveiller.

— Holà! Monseigneur, holà! éveillons-nous, cria-t-il.

Le duc d'Orléans ouvrit les yeux, vit Dubois, et espérant se débarrasser de lui par quelques-unes de ces rebuffades, auxquelles son ministre était si bien habitué qu'elles glissaient sur lui comme sur la toile cirée.

— Ah! c'est toi, l'Abbé, lui dit-il, va-t-en au diable! et il se retourna le nez contre le mur.

— Monseigneur, j'en viens, mais il était trop pressé pour me recevoir, et il m'a renvoyé à vous.

— Laisse-moi tranquille, je suis las.

—Je le crois bien, la nuit a été orageuse, n'est-ce pas?

— Que veux-tu dire, demanda le duc en se retournant à moitié.

— Je dis que le métier que vous avez fait la nuit passée ne vaut rien pour un homme qui donne des rendez-vous à sept heures du matin.

— Je t'ai donc donné rendez-vous à sept heures, l'Abbé.

— Oui, Monseigneur, hier matin, avant de partir pour Saint-Germain.

— C'est par Dieu vrai, dit le régent.

— Monseigneur ignorait que la nuit serait si fatigante.

—Fatigante? J'étais sorti de table à sept heures.

— Oui, mais après.

—Eh bien! quoi, après?

— Êtes-vous content, au moins, Monseigneur, et la jeune personne valait-elle la course?

— Quelle course?

— Celle que Monseigneur a faite hier soir, après son dîner, en sortant de table, à sept heures.

— Il semble, à t'entendre, qu'il soit bien rude de revenir de Saint-Germain ici.

— Monseigneur a raison, de Saint-Germain ici, il n'y a qu'un pas, mais il y a un moyen d'allonger la route.

— Lequel?

— C'est de passer par Rambouillet.

— Tu rêves, l'abbé.

— Je rêve, soit, Monseigneur, alors je vais vous raconter mon rêve, il prouvera à votre Altesse que je m'occupe d'elle en rêvant.

— Quelque nouvelle baliverne.

— Non pas; j'ai rêvé que Monseigneur avait lancé le cerf au carrefour du Treillage, et que l'animal, civilisé comme un cerf de bonne maison, s'était fait battre gentiment dans quatre lieues carrées, après quoi il était allé se faire prendre à Chambourcy.

— Jusque là ton rêve ressemble assez à une vérité; continue, l'Abbé, continue.

— Après quoi Monseigneur est rentré à Saint-Germain, s'est mis à table à cinq heures et demie, et en se mettant à table, a ordonné qu'on lui tînt sa voiture sans armoiries prête et attelée de quatre chevaux pour sept heures et demie.

— Allons, pas mal, l'Abbé, pas mal.

— A sept heures et demie, en effet, Monseigneur a congédié tout son monde, excepté La Fare, avec lequel il est monté en voiture. Est-ce cela, Monseigneur.

— Va toujours, va !

— La voiture a pris la route de Rambouillet où elle est arrivée à neuf heures trois quarts ; seulement aux premières maisons de la ville, elle s'est arrêtée, Monseigneur est descendu, on lui a présenté un cheval qui l'attendait, et tandis que La Fare continuait son chemin vers l'auberge du Tigre-Royal, Monseigneur le suivait en piqueur.

— C'est ici que ton rêve s'embrouille, n'est-ce pas l'Abbé ?

— Non Monseigneur, pas trop.

— Continue donc alors.

—Eh bien, tandis que ce fat de La Fare faisait semblant de manger un mauvais souper qu'on lui servait en l'appelant excellence, Monseigneur remettait son cheval à un page et gagnait un petit pavillon.

— Démon que tu es, mais où étais-tu donc caché?

— Moi, Monseigneur, je n'ai pas quitté le Palais-Royal où j'ai dormi comme une marmotte, et la preuve est que je vous raconte mon rêve.

— Et qu'y avait-il dans ce pavillon?

— D'abord à la porte une horrible duègne, grande jaune et sèche.

Dubois, je te recommanderai à Desroches et tu peux être tranquille, la première fois qu'elle te rencontrera elle t'arrachera les yeux.

— Puis dans l'intérieur, ah dam! dans l'intérieur.

— Ah! voilà où tu n'as pas pu voir, mon pauvre abbé, même en rêve.

— Allons donc, Monseigneur, vous me supprimeriez je l'espère bien pour vous, mes cinq cents mille livres de police secrète, si grâce à eux, je ne voyais pas dans les intérieurs.

— Eh bien, qu'as-tu vu dans celui-ci?

— Ma foi, Monseigneur, une charmante

petite Bretonne; seize à dix sept ans, jolie comme les amours et même plus jolie que certains amours, venant en droite ligne des Augustines de Clisson, accompagnée jusqu'à Rambouillet d'une bonne vieille sœur dont la présence un peu gênante a été supprimée aussitôt, n'est-ce pas?

— Dubois, j'ai souvent pensé que tu étais le diable et que tu avais pris la forme d'un abbé pour me perdre.

— Pour vous sauver, Monseigneur, pour vous sauver, c'est moi qui vous le dis.

— Pour me sauver, je ne m'en doutais pas.

— Eh bien! voyons, continua Dubois, avec son sourire de démon, êtes-vous content de la petite, Monseigneur?

—Enchanté! Dubois, elle est charmante.

— Pardieu! vous l'avez fait venir d'assez loin pour cela et si elle était autrement vous seriez volé.

Le régent fronça le sourcil, mais réfléchissant que Dubois savait tout jusque-là, mais sans doute ignorait le reste, son froncement de sourcil se termina par un sourire.

— Allons, Dubois, dit-il, décidément tu es un grand homme.

— Ah! Monseigneur, il n'y a plus que vous qui en doutiez, et cependant vous me disgraciez.

— Toi... !

— Sans doute, vous me cachez vos amours.

— Allons, ne te fâche pas, Dubois.

Il y aurait de quoi, cependant, Monseigneur, convenez-en.

— Pourquoi cela ?

— Parce que, sur ma parole, j'aurais trouvé aussi bien et peut-être même mieux.

Que Diable! ne me disiez-vous pas qu'il vous fallait une Bretonne, on vous l'eût fait venir, Monseigneur; on vous l'eût fait venir.

— Vraiment?

— Oh! mon Dieu oui, j'en aurais trouvé à revendre des Bretonnes.

— De pareilles?

— Et même de meilleures.

— L'abbé!!

— Parbleu! voilà une fière occasion que vous avez eue là.

— Monsieur Dubois...

— Vous croyez avoir mis la main sur un trésor peut-être ?

— Holà ! holà !

— Quand vous saurez ce que c'est que votre Bretonne et à quoi vous vous exposez.

— Ne plaisantons pas, l'Abbé, je t'en prie.

— Oh ! décidement, Monseigneur, vous m'affligez.

— Que veux-tu dire ?

— Une apparence vous persuade ; une nuit vous grise comme un écolier, et le lendemain il n'y a rien de comparable à la nouvelle venue; elle est donc bien jolie, Monseigneur, cette petite fille?

— Charmante!

— Et sage, la vertu même, on vous l'a triée sur cent, n'est-ce pas?

— C'est comme tu le dis, mon cher.

— Eh bien! moi, je vous déclare Monseigneur, que vous êtes perdu.

— Moi?

— Voici, votre Bretonne est une péronnelle.

— Silence, l'Abbé.

—Comment, silence !

— Oui, pas un mot de plus, je te le défends, reprit le Régent d'un air grave.

—Monseigneur, vous aussi, vous avez fait un mauvais rêve, laissez-moi vous l'expliquer.

— Monsieur Joseph, je vous enverrai à la Bastille.

— A la Bastille, tant que vous voudrez, Monseigneur, mais vous n'en saurez pas moins que cette drôlesse...

— Est ma fille, monsieur l'Abbé.

Dubois recula d'un pas, son sourire

goguenard fit place à la plus profonde stupéfaction.

— Votre fille ! Monseigneur, et à qui diable avez-vous fait celle-là ?

— A une honnête femme, l'Abbé, qui a eu l'honneur de mourir sans t'avoir connu.

— Et l'enfant ?

— L'enfant a été cachée à tous les yeux pour qu'elle ne fut pas souillée par le regard des êtres venimeux comme toi.

Dubois s'inclina profondément et se retira respectueusement et dans l'attitude d'un homme complètement désappointé ;

le Régent le suivit d'un regard victorieux jusqu'à ce qu'il eût refermé la porte.

Mais Dubois, comme on le sait, ne se désappointait pas facilement et il n'avait pas fermé cette porte qui le séparait du Régent, qu'il avait déjà aperçu dans cette obscurité qui un instant avait voilé ses yeux, une lumière qui, pour lui, valait le feu de joie le plus brillant.

— Et moi qui disais, murmura-t-il en descendant l'escalier, que cette conspiration accoucherait de ma mître d'archevêque ; imbécile que j'étais, en la menant doucement, elle accouchera bel et bien de mon chapeau de Cardinal.

III

Encore Rambouillet.

A l'heure convenue, Gaston fort impatient s'était rendu chez Hélène, mais il lui fallut attendre quelque temps dans l'antichambre, car madame Desroches faisait des difficultés pour autoriser cette visite, mais Hélène s'expliqua aussi clairement que fermement et déclara, que se regardant comme maîtresse de juger elle-même ce qui était convenable ou ce qui ne l'était pas, elle était décidée à recevoir son compatriote M. de Livry, qui venait prendre congé d'elle. On se rappelle que M. de Livry était le nom que Gaston s'était donné pendant toute la route, et celui qu'il comptait garder, excepté pour ceux avec lesquels l'affaire pour laquelle il venait à Paris allait le mettre en contact.

Madame Desroches se retira donc d'assez mauvaise humeur dans sa chambre, essayant même d'entendre la conversation des jeunes gens, mais Hélène qui se douta de quelque surprise, alla pousser elle-même la porte du corridor à laquelle elle mit le verrou.

— Vous voilà, dit-elle, mon ami, je vous attendais, je n'ai pas dormi eette nuit.

— Ni moi, Hélène, mais laissez-moi admirer vos magnificences.

Hélène sourit.

—Vous d'abord : cette robe de soie, cette coiffure... Que vous êtes belle ainsi !

— Vous n'avez pas l'air d'en être satisfait.

Gaston ne répondit pas, il continua son investigation.

— Cette tenture est riche, ces tableaux ont du prix, de l'or, de l'argent aux corniches, vos protecteurs sont opulents à ce qu'il paraît, Hélène.

— Je le crois, dit la jeune fille en souriant ; on m'a dit cependant que cette tenture, ces dorures que vous admirez comme moi sont vieilles, passées de mode, et qu'on les remplacera par de plus belles.

— Je vois qu'Hélène va devenir une haute et puissante dame, dit Gaston en s'efforçant de sourire, déjà elle me fait faire antichambre.

—Cher ami, ne le faisiez-vous pas là-bas, sur notre lac, quand votre bateau attendait des heures entières.

— Vous étiez au couvent alors, je n'attendais que le bon plaisir de votre mère abbesse.

— Ce titre est bien sacré, n'est-ce pas ?

— Oh oui !

— Il vous rassure, il vous impose le respect, l'obéissance.

— Sans doute.

— Eh bien, jugez de ma joie, ami, je retrouve ici la même protection, le même amour, plus puissant encore, plus solide, plus durable.

— Quoi ! dit Gaston étonné.

— Je retrouve...

— Parlez, au nom du ciel.

— Mon père!..

— Votre père... Ah! ma chère Hélène, je suis heureux, je partage votre joie, quel bonheur!... un père qui va veiller sur mon amie, sur ma femme.

— Veiller... de loin.

— Quoi! se sépare-t-il de vous?

— Hélas! le monde, à ce qu'il paraît, nous sépare.

— Est-ce un secret?

— Pour moi-même; car vous pensez bien que s'il n'en était pas ainsi vous sauriez déjà tout. Pour vous, je n'ai pas de secret, Gaston.

— Un malheur de naissance... une proscription dans votre famille, quelque obstacle passager.

— Je l'ignore.

— C'est décidément un secret ; mais, dit-il en souriant, je compte bien sur vous, et je vous permets même d'être discrète avec moi si votre père vous l'a ordonné. Cependant je questionnerai encore, vous ne vous fâcherez pas.

— Oh non !

— Êtes-vous contente ? Est-ce un père dont vous puissiez être fière ?

— Je le crois, son cœur paraît noble et bon, sa voix est douce et harmonieuse.

— Sa voix... mais... vous ressemble-t-il ?

— Je ne sais... Je ne l'ai pas vu.

— Vous ne l'avez pas vu ?

— Non, sans doute... il faisait nuit.

— Votre père n'a pas cherché à voir sa fille... vous si belle... Oh! quelle indifférence.

— Mais, non, oui ; il n'est pas indifférent, il me connaît bien, allez, il a mon portrait, vous savez, celui qui vous a rendu si jaloux au printemps dernier.

— Mais je ne comprends pas.

— Il faisait nuit, vous dis-je.

— En ce cas, on allume les girandoles que voici, dit-il avec un sourire plus froid.

— C'est bien quand on veut être vu, mais quand on a ses raisons pour se cacher...

— Que dites-vous-là, reprit Gaston rêveur ; quelles raisons un père a-t-il de se cacher de sa fille...

— D'excellentes, je crois, et vous, un homme sérieux, vous pourriez le comprendre mieux que moi, pourtant je ne m'étonne pas....

— Oh! ma chère Hélène, dit Gaston rêveur, que m'avez-vous raconté là? Quelles terreurs vous venez de jeter dans mon âme!...

— Vous m'effrayez, avec vos terreurs.

— Dites-moi de quoi vous a parlé votre père?

— De l'amour si tendre qu'il a toujours eu pour moi.

Gaston fit un mouvement.

— Il m'a juré que désormais je vivrais

heureuse, qu'il voulait faire cesser toute l'incertitude de mon sort passé, qu'il mépriserait les considérations qui l'ont engagé jusqu'alors à me renier pour sa fille.

— Paroles... paroles... mais... quel témoignage de cet amour vous a-t-il donné?... Pardonnez mes questions insensées, Hélène; j'entrevois un abîme de malheurs, je voudrais que pour un moment votre candeur d'ange, dont je suis si fier, fît place à l'infernale sagacité du démon, vous me comprendriez, je n'aurais pas la honte de vous souiller de cet interrogatoire si bas et si nécessaire pourtant à notre bonheur à venir.

— Je ne comprends guère votre question, autrement j'y répondrais, Gaston.

— Vous a-t-il témoigné beaucoup d'affection ?

— Beaucoup, assurément.

— Mais enfin, dans ces ténèbres, pour causer, pour vous aborder ?

— Il m'a pris par la main, et sa main tremblait plus que la mienne.

Gaston crispa de rage ses poings frémissants.

— Il vous a paternellement embrassée, n'est-ce pas ?

— Un baiser au front... un baiser... un seul que j'ai reçu à genoux.

—Hélène, s'écria-t-il, Hélène, j'en crois mes pressentiments : vous êtes abusée, vous êtes victime d'un piège infernal; Hélène, cet homme qui se cache, qui craint la lumière, qui vous appelle sa fille, n'est pas votre père!

— Gaston, vous me brisez le cœur.

— Hélène, votre innocence ferait envie aux plus célestes créatures, mais on abuse de tout sur la terre ; les anges ont été profanés et insultés par les hommes. Cet homme que je connaîtrai, que je saisirai, que je forcerai d'avoir confiance dans l'amour et l'honneur d'une si loyale fille comme vous êtes, me dira s'il n'est pas le plus vil des hommes, et si je puis l'appeler mon père ou le tuer comme un infâme.

— Gaston, votre raison s'égare, que dites-vous là? Qui peut vous faire soupçonner d'aussi affreuses trahisons, et puisque vous éveillez mes soupçons, puisque vous portez le flambeau sur ces ignobles dédales du cœur humain que je me refusai à contempler, je vous parlerai avec la même franchise. Cet homme, comme vous dites, ne me tenait-il pas en son pouvoir. La maison où je suis n'est-elle pas à lui, les gens dont il m'a entourée ne sont-ils pas dévoués à ses ordres... Gaston, vous avez sur mon père une mauvaise pensée dont vous me demanderez pardon si vous m'aimez.

Gaston se jeta désespéré dans un fauteuil.

— Ami, ne me gâtez pas la seule joie pure que j'aie encore goûtée, continua Hélène; n'empoisonnez pas pour moi le bonheur d'une vie que j'ai si souvent gémi de passer solitaire, abandonnée, sans autre affection que celle dont le ciel nous commande d'être avares. Que l'amour filial me vienne en dédommagement des remords que j'éprouve souvent de vous aimer avec une idolâtrie condamnable.

— Hélène, pardonnez-moi, s'écria Gaston, oui vous avez raison, oui je souille par mon contact matériel vos joies si pures, l'affection peut-être si noble de votre père, mais, mon amie, au nom de Dieu dont voici l'image sur cette toile, écoutez un peu les craintes de mon expérience et de mon amour. Ce n'est pas la première fois que les criminelles passions du monde spéculent sur l'innocente crédulité; l'argument que vous faites valoir est faible : se hâter de vous témoigner un amour si coupable était une maladresse dont ces habiles corrupteurs sont incapables ; mais déraciner peu à peu la vertu dans votre cœur, vous séduire par un luxe nouveau, par ces lumières riantes à votre âge, accoutumer votre esprit au plaisir, vos sens à des impressions nouvelles, vous tromper enfin par la persuasion, est une plus douce victoire que celle qui résulte de la violence. Oh! chère Hélène, écoutez un peu ma prudence de vingt-cinq ans, je dis ma prudence, car ce n'est que mon amour qui parle, mon amour que vous verriez si humble, si dévoué au moindre signe d'un père, que je saurais être un véritable père pour vous.

Hélène baissa la tête à son tour et ne répondit pas.

— Je vous en supplie, continua Gaston, ne prenez aucune résolution extrême, mais surveillez tout ce qui vous entoure, défiez-vous des parfums qui vous sont donnés, du vin doré qu'on vous offre, du sommeil qui vous est promis. Veillez sur vous, Hélène, vous êtes mon honneur, mon bonheur, ma vie!

— Ami, je vous obéirai, vous pouvez

croire que cela ne m'empêchera pas d'aimer mon père.

— Et de l'adorer, si je me trompe, chère Hélène.

— Vous êtes un noble ami, mon Gaston... Nous voilà bien concertés.

— A la moindre défiance, écrivez-moi.

— Vous écrire ! Vous partez donc ?

— Je vais à Paris pour ces affaires de famille dont vous connaissez déjà quelque chose... Je logerai à l'hôtel du Muits-d'Amour, rue des Bourdonnais ; écrivez cette adresse, chère amie, et ne la montrez à qui que ce soit.

—Pourquoi tant de précautions?

Gaston hésita.

—Parce que si l'on connaissait votre défenseur dévoué, l'on pourrait, en cas de mauvaises intentions, déjouer ses projets de secours.

— Allons! Allons! vous êtes aussi quelque peu mystérieux, mon beau Gaston; j'ai un père qui se cache et un... amant... ce mot me coûte à dire... qui va se cacher...

— Mais celui-là, vous connaissez ses intentions, dit Gaston en essayant de rire pour cacher son trouble et sa rougeur...

—Ah! madame Desroches revient... elle tourne le bouton de la première porte, l'entretien lui semble trop long, ami; je suis en tutelle... c'est comme au couvent.

Gaston congédié prit un baiser sur la main que son amie lui tendait. Au même moment, madame Desroches parut, Hélène fit une révérence très cérémonieuse que Gaston lui rendit avec la même majesté. Madame Desroches attachait sur le jeune homme, pendant cette scène muette, des regards d'où devait résulter le plus exact signalement que jamais espion ait pu faire en face d'un suspect.

Gaston prit aussitôt la route de Paris. Oven l'attendait avec impatience. Pour que ses louis ne sonnassent point dans sa bourse de cuir, il les avait cousus dans la doublure de sa culotte de peau; peut-être aussi voulait-il les rapprocher le plus possible de lui-même.

Gaston, en trois heures, arriva dans Paris; cette fois, Oven ne put lui reprocher sa lenteur, hommes et chevaux étaient couverts d'écume en entrant par la barrière de la Conférence.

IV

Le capitaine La Jonquière.

Il y avait, comme notre lecteur a pu l'apprendre à l'adresse donnée par Gaston à Hélène, dans la rue des Bourdonnais, une auberge qui pouvait presque s'appeler un hôtel, elle était assez garnie pour qu'on y put loger et manger, mais surtout on y pouvait boire.

Dans son entrevue nocturne avec Dubois, maître Tapin avait reçu le fameux nom de La Jonquière et l'avait transmis à l'Éveillé, lequel l'avait transmis à tous les chefs de brigade qui s'étaient mis à la recherche de l'officier suspect et avaient commencé à fouiller avec l'activité qui fait la principale vertu des suppôts de police, tous les tripots et toutes les maisons équivoques de Paris; la conspiration de Cellamare que nous avons racontée dans notre histoire du chevalier d'Harmental et qui est au commencement de la régence ce que cette présente histoire est à sa fin, avait appris à tous les rechercheurs de complots que c'était là où l'on trouvait surtout les conspirateurs, et cette affaire de Bretagne n'était que la queue de la conspiration espagnole ; *in cauda venenum*, disait Dubois qui tenait à son latin : quand on a été cuistre de collége, ne fut-ce qu'une heure, il en reste quelque chose pendant tout le reste de la vie.

Chacun se mit donc en route, mais soit bonheur, soit adresse, ce fut encore maître Tapin qui, après deux heures d'une course échevelée dans les rues de la capitale, découvrit dans la rue des Bourdonnais et aux armes du *Muids-d'Amour*, la fameuse auberge dont nous avons parlé au commencement de ce chapitre, et qu'habitait au figuré comme au propre, ce fameux La Jonquière qui pour le moment était le cauchemar de Dubois.

L'hôte prit Tapin pour un vieux clerc de

procureur, et à ses questions répondit avec affabilité que c'était effectivement dans son hôtel que logeait le capitaine La Jonquière, mais qu'étant rentré passé minuit, le brave officier dormait encore : cela était d'autant plus excusable qu'il était à peine six heures du matin.

Tapin n'en demandait pas davantage, c'était un homme droit et presqu'algébrique, qui marchait de déduction en déduction. Le capitaine La Jonquière dormait, donc il était couché ; il était couché, donc il habitait l'auberge.

Tapin revint directement au Palais-Royal, il trouva Dubois qui sortait de chez le régent, et que la perspective de son chapeau rouge mettait en joyeuse humeur, il ne lui avait fallu rien moins que cette heureuse disposition d'esprit pour ne pas casser aux gages tous ses émissaires, qui lui avaient déjà mis sous les verroux du Fort-Levêque, une série de faux La Jonquière.

L'un était un capitaine de contrebande nommé La Joncière, celui-là avait été découvert et arrêté par l'Éveillé, c'était encore celui dont le nom se rapprochait le plus du nom original.

Un second était un certain La Jonquille, sergent aux gardes françaises : on avait recommandé aux mouchards les maisons mal famées ; or, on avait trouvé maître La

Jonquille dans une maison de ce genre, et victime d'un moment de faiblesse de sa part et d'erreur de celle des mouchards de l'abbé, il avait été arrêté.

Un troisième s'appelait La Jupinière, était chasseur d'une grande maison, malheureusement le portier de cette grande maison était bègue, et le mouchard qui était plein de bonne volonté avait entendu La Jonquière, au lieu de La Jupinière.

Il y avait déjà dix personnes arrêtées, quoique la moitié de l'escouade à peine fut revenue, il était donc probable que les arrestations continuaient et qu'on allait passer en revue toutes les analogies nominales : depuis l'ordre donné par Dubois, l'analogie régnait despotiquement à Paris.

Quand Dubois, qui malgré sa bonne humeur, maugréait et jurait pour n'en pas perdre l'habitude, entendit le rapport de Tapin, il se frotta le nez jusqu'à la rage, c'était bon signe.

— Alors, dit Dubois, c'est bien le capitaine La Jonquière que tu as trouvé, toi?

— Oui, Monseigneur.

— Il se nomme bien La Jonquière?

— Oui, Monseigneur.

— L-a La, J-o-n Jon, qu-i-è-r-e quière, La Jonquière, continua Dubois en répétant le mot.

— La Jon-qui-ère, reprit maître Tapin.

— Un capitaine ?

— Oui, Monseigneur.

— Un vrai capitaine ?

— J'ai vu son plumet.

Cette conclusion parut suffisante à Dubois pour le grade, mais pas pour l'identité.

— Bon, dit-il, continuant ses questions, et que fait-il ?

— Il attend, il s'ennuie et il boit.

— Ça doit être cela, dit Dubois, il attend, il s'ennuie et il boit.

— Et il boit, répéta Tapin.

— Et paie-t-il ? dit Dubois, attachant évidemment une grande importance à cette dernière question.

— Très bien, Monseigneur.

— A la bonne heure, Tapin, vous avez de l'esprit.

— Monseigneur, dit Tapin avec modestie, vous me flattez, mais c'est tout simple, s'il n'avait pas payé, ce ne pouvait pas être un homme dangereux.

Nous avons déjà dit que maître Tapin était un gaillard plein de logique.

Dubois lui fit remettre dix louis à titre

de gratification, lui donna de nouveaux ordres, laissa son secrétaire pour dire aux nouveaux mouchards qui ne pouvaient manquer d'arriver successivement, qu'il y avait assez de La Jonquière comme cela, se fit habiller promptement, et s'achemina à pied, vers la rue des Bourdonnais.

Dès six heures du matin, messire le voyer d'Argenson avait mis à la disposition de Dubois une demi-douzaine d'estafiers déguisés en gardes-françaises, et munis d'instructions; quelques-uns le suivaient, d'autres l'avaient précédé.

Maintenant disons un mot de l'intérieur de l'auberge dans laquelle nous allons introduire le lecteur.

Le Muids-d'Amour était comme nous l'avons dit, mi-partie hôtel, mi-partie cabaret ; on y buvait, on y mangeait, on y couchait ; les chambres d'habitation étaient au premier étage, les salles de taverne au rez-de-chaussée.

La principale de ces salles qui était la salle commune, était meublée de quatre tables de chêne, d'une quantité indéfinie d'escabeaux et de rideaux rouges et blancs, vieille tradition des tavernes. Quelques bancs le long des murailles, des verres très nets sur un buffet, des images peintes, somptueusement encadrées de baguettes dorées, dont les unes représentaient les différentes migrations du Juif-Errant, et les autres la condamnation et l'exécution de Duchauffour; le tout bruni par la fumée, et rendant, après l'avoir absorbée, une odeur de pipe fort nauséabonde, complétait l'ensemble de ce respectable parloir, comme disent les Anglais, dans lequel roulait un gros homme à figure rouge, de trente-cinq à quarante ans, et frétillait une petite fille à figure pâle, de douze à quatorze ans.

C'était l'hôte du Muids-d'Amour et sa fille unique, laquelle devait hériter après lui de sa maison et de son commerce, que sous la direction paternelle elle se mettait en état de continuer.

Un marmiton fricotait dans la cuisine un ragoût qui répandait une forte odeur de rognons au vin.

La salle était encore vide, mais au moment même où la pendule sonnait une heure de l'après-midi, un garde française entra et s'arrêtant sur le seuil, murmura :

— Rue des Bourdonnais, au Muids-d'Amour, dans la salle commune, une table à gauche, s'asseoir et attendre.

Puis en exécution de cette consigne, le digne défenseur de la patrie en sifflant un air de garde et en relevant sa moustache avec un geste de coquetterie militaire, tout-à-fait bien troussé, alla s'asseoir à l'endroit indiqué.

A peine y était-il et levait-il le poing pour en frapper la table, ce qui dans la langue de toutes les tavernes du monde veut dire : du vin, qu'un second garde française, vêtu exactement de la même manière, surgit à son tour sur le seuil de la porte, marmotta quelques paroles, et après un moment d'hésitation vint s'asseoir près du premier.

Les deux soldats se regardèrent dans le blanc des yeux, puis ils laissèrent échapper chacun de son côté cette double exclamation, ah! ah! qui dans tous les pays du monde aussi, indique la surprise.

— C'est toi, Grippart, dit l'un.

— C'est toi, l'Enlevant, dit l'autre.

— Que viens-tu faire dans ce cabaret?

— Et toi ?

— Je n'en sais rien.

— Ni moi non plus.

— Tu es donc ici ?

— Par ordre supérieur.

— Tiens c'est comme moi.

— Et tu attends ?

— Un homme qui doit venir.

— Avec un mot d'ordre.

— Et sur ce mot d'ordre ?

— Injonction d'obéir, comme à maître Tapin lui-même.

— C'est cela, et en attendant on m'a donné une pistole pour boire.

— On m'a donné la pistole aussi, mais on ne m'a pas dit de boire.

— Et dans le doute?

— Dans le doute, comme dit le sage, je ne m'abstiens pas.

— En ce cas, buvons.

Et la main levée sur la table retomba cette fois pour appeler l'hôte, mais c'était chose inutile, l'hôte qui avait vu entrer les deux pratiques, et qui à l'uniforme avait reconnu des amateurs, se tenait debout, les jambes rapprochées, la main gauche à la couture de la culotte, la droite au bonnet de coton.

C'était un homme facétieux que l'hôte du Muids-d'Amour.

— Du vin dirent les deux gardes-françaises.

— D'Orléans ajouta l'un d'eux, qui paraissait plus gourmet que l'autre, il gratte et je l'aime.

— Messieurs, dit l'hôte avec un affreux sourire, mon vin ne gratte pas, mais il n'en est que plus aimable.

Et il apporta une bouteille toute débouchée.

Les deux consommateurs remplirent leurs verres et burent. Puis ils les posèrent sur la table avec une grimace d'expression différente, mais qui cependant indiquait une même opinion.

— Que diable dis-tu donc que ton vin ne gratte pas, il déchire.

— Ah! c'est un fier vin, messieurs, dit l'hôte.

— Oui, reprit le second garde-française, il n'y manque que de l'estragon.

L'hôte sourit en homme qui entend la plaisanterie.

— En voulez-vous une autre? dit-il.

— Si on la veut, on te la demandera.

L'hôte s'inclina, et comprenant l'invitation, laissa les deux soldats à leurs affaires.

— Mais dit l'un des soldats à l'autre, tu sais bien quelque chose de plus que ce que tu m'as dit, n'est-ce pas?

— Oh! je sais qu'il s'agit d'un certain capitaine, dit l'autre.

— Oui, c'est cela, mais pour arrêter le capitaine, on nous prêtera main-forte, je présume.

— Sans doute, deux contre un ce n'est point assez.

— Tu oublies l'homme à la consigne, voilà la main-forte.

— Puisse-t-il en avoir deux et des plus solides, mais il me semble que j'entends quelque chose.

— En effet, quelqu'un descend l'escalier.

— Chut.

—Silence.

Et les deux gardes-françaises, plus esclaves de leur consigne que s'ils eussent été de vrais soldats, se versèrent deux vérres pleins qu'ils burent, ayant chacun un œil sournoisement tourné vers l'escalier.

Les deux observateurs ne s'étaient pas trompés, en effet les marches d'un escalier que nous avons oublié de mentionner et qui montait appuyé à la muraille, craquaient pour le moment sous un poids assez respectable, et les hôtes momentanés de la salle commune, purent apercevoir d'abord des jambes, ensuite un torse, puis une tête qui descendaient, les jambes étaient chaussées de bas de soie finement tirés et d'une culotte de casimir blanc, le torse était vêtu d'un juste-au-corps bleu, enfin sa tête était coiffée d'un chapeau à trois cornes coquettement incliné sur l'oreille, un œil moins exercé que celui des gardes-françaises aurait donc pu reconnaître dans ce total un capitaine, car ses épaulettes et son épée ne laissaient aucun doute sur le grade qu'il occupait.

Ce capitaine qui était bien le capitaine La Jonquière, était un homme de cinq pieds deux pouces, assez gros, assez vif, et dont l'œil malin se reposait sur tout avec une sagacité merveilleuse ; on eut dit qu'il flairait les espions sous l'uniforme des gardes-françaises, car il leur tourna le dos tout d'abord en entrant, puis il donna une allure toute particulière à sa conversation avec l'hôte.

— En vérité, dit-il, j'aurais bien dîné ici, et cette excellente odeur de rognon sauté, m'y avait fort invité, mais de bons vivants m'attendent au galoubet de Paphos, peut-être viendra-t-on me demander cent pistoles, un jeune homme de ma province qui me devait venir prendre ce matin, et que je ne puis attendre plus longtemps, s'il vient et qu'il se nomme, dites-lui que je serai dans une heure ici ; qu'il veuille donc attendre.

— Fort bien, capitaine, répondit l'hôte.

— Eh ! du vin, dirent les gardes.

— Ah ! ah ! murmura le capitaine en jetant un coup-d'œil en apparence insouciant sur ces buveurs, voici des soldats qui ont un mince respect pour l'épaulette.

Puis se retournant vers l'hôte :

— Servez ces messieurs, vous voyez bien qu'ils sont pressés.

— Ah ! dit l'un d'eux en se levant, dès l'instant que monsieur le permet.

— Sans doute, sans doute, je le permets dit La Jonquière, souriant des lèvres, tandis qu'il avait bonne envie de rosser les denx drilles dont la figure lui déplaisait; mais la prudence l'emportant, il fit quelques pas vers la porte.

—Mais capitaine, fit l'hôte en l'arrêtant, vous ne m'avez pas dit le nom du gentilhomme qui doit venir vous demander tout-à-l'heure.

La Jonquière hésita, un mouvement assez militaire d'un des deux gardes qui se retourna en croisant une jambe sur l'autre et en frisant sa moustache; lui rendit quelque confiance, en même temps le second fit sauter du bout du doigt le bouchon et imita avec sa bouche la détonation d'une bouteille de vin de champagne.

La Joncquière fut rassuré tout-à-fait.

— M. le chevalier Gaston de Chanlay, dit-il, répondant à l'hôte.

— Gaston de Chanlay, répéta l'hôte ; diable! attendez, si j'allais oublier ce nom. Gaston, Gascon, bon. Je me souviendrai de Gascon, Chanlay, bien. Je me souviendrai de Chandelle.

— C'est cela, reprit gravement La Jonquière. — Gascon de Chandelle. — Je vous invite mon cher hôte, à ouvrir un cours de mnémonique, et si toutes vos règles sont aussi sûres que celle-ci, je ne doute pas que vous ne fassiez fortune.

L'hôte sourit du compliment, et le capitaine La Joncquière sortit après avoir bien regardé autour de lui dans la rue, comme pour interroger le temps, mais en réalité pour interroger le coin des portes et les angles des maisons.

Il n'avait pas fait cent pas dans la rue Saint-Honoré vers laquelle il se dirigea que Dubois se présenta au carreau d'abord, puis à la porte, il avait croisé le capitaine La Jonquière, mais n'ayant jamais vu cet important personnage, il n'avait pu le reconnaître.

Ce fut donc avec une hardiesse toute effrontée qu'il apparut sur le seuil, la main à son chapeau râpé, portant l'habit gris, le haut-de-chausse brun, les bras drapés, enfin la tenue complète d'un marchand de province.

V

M. Moutonnet, marchand drapier à Saint-Germain-en-Laye.

Du premier coup, Dubois après avoir jeté un regard rapide sur les deux gardes-françaises qui continuaient de boire dans leur coin, avisa l'hôte qui arpentait sa salle parmi les bancs, les escabeaux et les bouchons roulants.

— Monsieur, dit-il timidement, n'est-ce point ici que loge M. le capitaine La Jonquière, je voudrais parler à lui.

— Vous voulez parler au capitaine La-Jonquière, dit l'hôte en examinant le nouveau venu de la tête aux pieds.

— Si c'était possible, dit Dubois, j'avoue que cela me ferait plaisir.

— Est-ce bien à celui qui loge ici que vous avez affaire, dit l'hôte qui ne reconnaissait aucunement dans celui qui arrivait celui qui était attendu.

— Je le crois, dit modestement Dubois.

— Un gros court.

— C'est cela.

— Buvant sec.

— C'est cela.

— Et toujours prêt à jouer de la canne, quand on ne fait pas à l'instant même ce qu'il demande.

— C'est cela, ce cher capitaine La Jonquière.

— Vous le connaissez donc, demanda l'hôte.

— Moi! pas le moins du monde, répondit Dubois.

— Ah! c'est vrai; car vous avez dû le rencontrer à la porte.

— Diable! il est sorti, dit Dubois avec un mouvement de mauvaise humeur mal reprimé, merci : à l'instant même s'apercevant de l'imprudence qu'il avait faite, il ramena sur son visage le plus aimable de tous ses sourires.

— Oh! mon Dieu, il n'y a pas cinq minutes, dit l'hôte.

— Mais il va revenir, sans doute, demanda Dubois.

— Dans une heure.

— Voulez-vous me permettre de l'attendre? Monsieur.

— Certainement, pourvu que vous preniez quelque chose en l'attendant.

— Vous me donnerez des cerises à l'eau-de-vie, dit Dubois, je ne bois jamais de vin qu'à mes repas.

Le deux gardes-françaises échangèrent un sourire de suprême dédain.

L'hôte s'empressa d'apporter un petit verre contenant les cerises demandées.

— Ah! dit Dubois il n'y en a que cinq, à Saint-Germain-en-Laye, on en donne six.

— C'est possible, monsieur, répondit l'hôte, c'est qu'à Saint-Germain il n'y a pas les droits d'entrée.

— C'est juste, dit Dubois, c'est parfaitement juste, j'oubliais les droits d'entrée moi; vous m'excusez, Monsieur.

Et il se mit à grignotter une cerise, sans pouvoir s'empêcher, malgré son pouvoir sur lui-même, de faire une grimace des plus accentuées.

L'hôte qui le suivait des yeux, vit cette grimace avec un sourire de satisfaction.

— Et où loge-t-il, ce brave capitaine, dit Dubois par manière de conversation.

— Voilà la porte de sa chambre, dit l'hôte, il a préféré être logé au rez-de-chaussée.

— Je conçois, murmura Dubois, les fenêtres donnent sur la voie publique.

— Sans compter qu'il y a une porte qui s'ouvre sur la rue des Deux-Boules.

— Ah ! il y a une porte qui s'ouvre sur la rue des Deux-Boules, peste ! comme c'est commode cela. Et le bruit que l'on fait ici ne l'incommode-t-il point.

— Oh ! il a une seconde chambre là-haut; il couche tantôt dans l'une, tantôt dans l'autre.

— Comme Denys le tyran, dit Dubois qui ne pouvait se défaire de ses citations latines ou historiques.

— Plaît-il, fit l'hôte.

Dubois vit qu'il avait commis une nouvelle imprudence et se mordit les lèvres; en ce moment, par bonheur, un des gardes-françaises demanda du vin, et l'hôte toujours prompt à cet appel s'élança hors de l'appartement.

Dubois le suivit des yeux, puis, se retournant vers les deux gardes-françaises :

— Merci, vous autres, dit-il.

— Qu'y a-t-il bourgeois, demandèrent les gardes.

— *France* et *Régent,* répondit Dubois.

— Le mot d'ordre, s'écrièrent à la fois les deux faux soldats en se levant.

—Entrez dans cette chambre dit Dubois, montrant la chambre de La Jonquière, ouvrez la porte qui donne sur la rue des Deux-Boules, et cachez-vous derrière un rideau, sous une table, dans une armoire, où vous pourrez ; si j'aperçois l'oreille d'un de vous quand j'entrerai, je lui supprime ses appointements pour six mois.

Les deux gardes françaises vidèrent leurs verres avec soin, en hommes qui ne veulent rien perdre des biens de la terre, et entrèrent vivement dans la chambre indiquée, tandis que Dubois qui s'apercevait qu'ils avaient oublié de payer, jetait une pièce de douze sous sur la table, puis, courant ouvrir la fenêtre, et s'adressant à un cocher de fiacre qui stationnait devant la maison.

— L'Éveillé, dit-il, faites approcher le carrosse de la petite porte qui donne dans la rue des Deux-Boules, et dites à Tapin de monter quand je lui ferai signe en frappant avec les doigts au carreau. Il a ses instructions, allez.

Il referma la fenêtre, et au même instant on entendit le bruit de la voiture qui s'éloignait.

Il était temps, l'agile hôtelier rentrait ; au premier coup-d'œil, il reconnut l'absence des gardes-françaises.

— Tiens, dit-il, où sont-ils donc mes hommes ?

— Un sergent a frappé à la fenêtre qui les a appelés.

— Mais ils sont partis sans payer, s'écria l'hôte.

— Non pas, comme vous voyez, ils ont laissé une pièce de douze sous sur la table.

— Diable ! douze sous dit l'hôte, je vends mon vin d'Orléans huit sous la bouteille.

— Ah ! fit Dubois, ils ont pensé sans doute que comme ils étaient militaires vous feriez un petit rabais en leur faveur.

— Enfin ! dit l'hôte qui, trouvant sans doute encore le bénéfice raisonnable, se consolait facilement. Enfin, tout n'est pas perdu, et il faut s'attendre à ces choses-là, dans notre métier.

— Vous n'avez point pareille chose à craindre, heureusement, avec le capitaine La Jonquière, reprit Dubois.

— Oh! non, quant à lui, c'est la crème des pensionnaires, il paye tout comptant et sans marchander. Il est vrai qu'il ne trouve jamais rien de bon.

— Dam! dit Dubois, cela peut être une manie.

— Vous avez trouvé le mot; je le cherchais, oui c'est sa manie.

— Ce que vous me dites là, de l'exactitude à payer du capitaine, dit Dubois, me fait plaisir.

— Venez-vous lui demander de l'argent,

dit l'hôte? en effet, il m'a dit qu'il attendait quelqu'un à qui il devait cent pistoles.

— Au contraire, dit Dubois, je lui apporte cinquante louis.

— Cinquante louis, peste, reprit l'hôte, c'est un joli denier, alors j'ai mal entendu ; au lieu d'avoir à payer, il avait sans doute à recevoir, vous nommeriez-vous par hasard le chevalier Gaston de Chanlay.

— Le chevalier Gaston de Chanlay, s'écria Dubois avec une joie qu'il ne put maîtriser, il attend le chevalier Gaston de Chanlay.

— Il me l'a dit du moins, dit l'hôte un peu étonné de la chaleur que mettait à sa question le mangeur de cerises, qui continuait d'exécuter sa besogne, avec les dernières grimaces d'un singe qui gruge des amendes amères, encore une fois le chevalier Gaston de Chanlay, est-ce vous?

— Non, je n'ai pas l'honneur d'être noble, je m'appelle Moutonnet, tout court.

— La noblesse n'y fait rien, dit l'hôte d'un ton sentencieux. On peut s'appeler Moutonnet et être un honnête homme.

— Oui, Moutonnet, reprit Dubois approuvant par un signe la théorie de l'hôtelier. Moutonnet, marchand de draps, à Saint-Germain-en-Laye.

— Et vous dites que vous avez cinquante louis à remettre au capitaine.

— Oui, monsieur, reprit Dubois, en buvant consciencieusement le jus après avoir consciencieusement mangé les cerises. Imaginez-vous, Monsieur, qu'en feuilletant les vieux registres de mon père, j'ai découvert à la colonne du passif qu'il devait cinquante louis au père du capitaine La Jonquière. Alors, je me suis mis en campagne, Monsieur, et je n'ai eu ni paix ni trève qu'à défaut du père qui est mort je n'aie découvert le fils.

—Mais savez-vous, monsieur Moutonnet, reprit l'hôte émerveillé d'une si suprême délicatesse, qu'il n'y a pas beaucoup de débiteurs comme vous.

— Voilà comme nous sommes, Monsieur, de père en fils et de Moutonnets en Moutonnets; mais quand on nous doit aussi, ah!... nous sommes impitoyables! Tenez, il y a un gaillard, un très honnête homme, ma foi, qui devait à la maison Moutonnet et fils, cent-soixante livres. Eh bien, mon grand-père l'a fait fourrer en prison, et il y est resté, Monsieur, pendant les trois générations; si bien qu'il y est trépassé. Voici à-peu-près quinze jours, j'ai relevé les comptes, Monsieur, ce drôle-là pendant trente ans qu'il est resté sous les verroux, nous a coûté douze mille livres. N'importe, le principe a été maintenu; mais je vous demande bien pardon, mon cher hôte, dit Dubois, qui, du coin de l'œil, guignait la porte de la rue devant laquelle depuis un instant se tenait une ombre qui ressemblait assez à celle de son capitaine. Je vous demande bien pardon de vous entretenir de toutes ces balivernes qui n'ont aucun intérêt pour vous; d'ailleurs, voici une nouvelle pratique qui vous arrive.

— Eh! justement, dit l'hôte, c'est la personne que vous attendez.

— Le brave capitaine La Jonquière, s'écria Dubois.

— Lui.

— Venez donc, capitaine, dit l'hôte, vous êtes attendu.

Le capitaine n'était pas revenu de ses soupçons du matin; dans la rue, il avait vu une foule de figures inaccoutumées qui lui avaient paru sinistres; il rentrait donc plein de défiance. Aussi, jeta-t-il un coup-d'œil des plus investigateurs d'abord sur l'endroit où il avait laissé les gardes-françaises dont l'absence le rassura quelque peu, et ensuite sur le nouveau venu qui ne laissait pas que de l'inquiéter. Mais les gens dont la conscience n'est pas tranquille, finissent par trouver dans l'excès même de leurs inquiétudes du courage pour braver les pressentiments; ou, pour mieux dire, ils se familiarisent avec leur peur et ne l'écoutent plus. La Jonquière, rassuré d'ailleurs par la mine honnête du prétendu marchand drapier de Saint-Germain-en-Laye, le salua gracieusement. De son côté, Dubois fit une révérence des plus courtoises.

Alors La Jonquière se retournant vers l'hôte, lui demanda si l'ami qu'il attendait était venu.

— Il n'est venu que Monsieur, dit le chef d'hôtel, mais vous ne perdez rien à ce changement de visite; l'un venait vous réclamer cent pistoles, l'autre vient vous apporter cinquante louis.

La Jonquière étonné, se retourna vers Dubois, qui supporta ce regard en donnant à son visage toute la niaise agréabilité dont il était susceptible.

Sans être précisément trompé, le capitaine La Jonquière fut étourdi de l'histoire que Dubois lui répéta avec un aplomb admirable, il sourit même à la restitution inattendue, par suite de cet amour immodéré que les hommes ont généralement pour l'imprévu en matière de finances; puis, touché de cette généreuse action d'un homme qui le cherchait par toute la terre pour lui payer un argent si peu attendu, il demanda à l'hôte une bouteille de vin d'Espagne, et invita Dubois à le suivre dans sa chambre.

Dubois s'approcha de la fenêtre pour prendre son chapeau posé sur une chaise, et tandis que La Jonquière causait avec l'hôte, tambourina doucement sur le carreau.

En ce moment le capitaine se retourna.

— Mais je vous gênerai peut-être dans

votre chambre dit Dubois, donnant à son visage la plus riante expression qu'il était capable de prendre.

— Pas du tout, pas du tout, dit le capitaine, la vue est gaie, nous regarderons passer, tout en buvant, le monde par les fenêtres, et il y a de jolies dames dans la rue des Bourdonnais. Ah! cela vous fait sourire, mon gaillard.

— Eh! eh! fit Dubois en se grattant le nez par distraction.

Ce geste imprudent l'eût perdu dans un rayon moins éloigné du Palais-Royal, mais rue des Bourdonnais, il passa inaperçu.

La Jonquière entra devant; l'hôte devant La Jonquière, les bouteilles devant l'hôte. Dubois qui venait le dernier, eut le temps de faire un signe d'intelligence à Tapin qui apparaissait dans la première chambre, suivi de deux hommes. Puis, Dubois en homme bien élevé, referma la porte derrière lui.

Les deux suivants de Tapin allèrent droit à la fenêtre, et tirèrent les rideaux de la salle commune, tandis que leur chef se plaçait derrière la porte de la chambre de La Jonquière de manière à être masqué par elle, quand elle se développerait en s'ouvrant. L'hôte rentra presqu'aussitôt, il avait servi le capitaine et M. Moutonnet, et de plus avait reçu du premier qui payait toujours comptant, un écu de trois livres, il venait en conséquence écrire cette recette sur son livre et serrer l'argent dans son tiroir, mais, à peine eut-il ouvert et refermé la porte que Tapin, qui se tenait à l'affut, lui passa un mouchoir sur la bouche, lui abaissa son bonnet de coton jusqu'à sa cravate, et l'emporta comme une plume dans un second fiacre qui masquait précisément la porte; en même temps, l'un des recors s'empara de la petite fille qui battait des œufs, l'autre emporta, roulé dans une nappe, le marmiton qui tenait la queue de la poêle, et, en un clin-d'œil, l'hôte, sa fille et son gâte-sauce (qu'on me permette le nom consacré par l'usage et par la réalité), escortés des deux recors, roulèrent vers Saint-Lazare, conduits trop rapidement, par deux chevaux trop bons et par un cocher trop impatient, pour que l'équipage qui les emportait fut réellement un fiacre.

Aussitôt Tapin, avec l'instinct d'un rat de police, fouilla dans l'armoire, au-dessus de la porte de la cuisine, prit un bonnet de coton, une veste de calicot et un tablier, puis il fit signe à un flaneur qui se mirait dans les vîtres et qui entra vivement pour se transformer en un garçon cabaretier assez vraisemblable. En ce moment même on entendit dans la chambre du capitaine un violent tapage, comme ferait celui d'une table qu'on renverserait et de bouteilles et de verres que l'on briserait, puis des trépignements, puis des jurons, puis le bruit d'une épée résonnant sur le carreau, puis rien.

Au bout d'une minute le roulement d'un fiacre qui s'éloignait par la rue des Deux-Boules, fit trembler la maison.

Tapin, qui d'un air inquiet avait prêté l'oreille, prêt à s'élancer dans la chambre, son couteau de cuisine à la main, se redressa d'un air joyeux.

— Bien, dit-il, le tour est fait.

— Il était temps, maître, dit le garçon, voilà une pratique.

VI

Fiez-vous aux signes de reconnaissance.

Tapin crut d'abord que c'était le chevalier Gaston de Chanlay, mais il se trompait, ce n'était qu'une femme qui venait chercher une chopine de vin.

— Qu'est-il donc arrivé à ce pauvre monsieur Bourguignon, dit-elle, on l'emporte dans un fiacre, en bonnet de coton.

—Hélas! ma chère dame, dit Tapin, un malheur auquel nous étions loin de nous attendre. Ce pauvre Bourguignon, au moment où il s'y attendait le moins, en causant là, avec moi, vient d'être frappé d'une apoplexie foudroyante.

— Bonté divine !

— Hélas! reprit Tapin en levant les yeux au ciel, cela prouve, ma pauvre chère dame, que nous sommes tous mortels.

— Mais la petite fille qu'on emmène aussi, continua la commère.

— Elle soignera son père, c'est son devoir.

— Mais le marmiton, reprit la voisine qui voulait en avoir le cœur net.

— Le marmiton leur fera la cuisine, c'est son métier.

— Seigneur mon Dieu! j'avais vu tout cela du pas de ma porte et je n'y comprenais rien, aussi quoique je n'en eusse pas besoin, je venais vous acheter une chopine de blanc pour savoir à quoi m'en tenir.

— Eh bien! vous le savez maintenant, ma chère dame.

— Mais vous qui êtes-vous?

— Je suis Champagne, le cousin de

Bourguignon, j'arrivais ce matin du pays, par hasard, je lui apportais de l'argent et des nouvelles de sa famille, tout-à-coup la joie, le saisissement : ça lui a porté un coup, et bernique plus personne. Tenez, demandez à Grabigeon, continua Tapin, montrant son aide-cuisine qui achevait l'omelette commencée par la fille de l'hôte et par son marmiton.

— Oh! mon Dieu, oui, cela s'est passé exactement comme le raconte M. Champagne, répondit Grabigeon en essuyant une larme avec le manche de sa cuillère à pot.

— Pauvre monsieur Bourguignon, alors vous croyez qu'il faut prier Dieu pour lui.

— Il n'y a jamais de mal à prier Dieu, dit sentencieusement Tapin.

— Ah! un instant, un instant, dites donc, faites-moi bonne mesure au moins.

Tapin fit un signe affirmatif et servit en effet fort adroitement la voisine; ce n'était pas chose difficile; il s'agissait purement et simplement de prodiguer le bien d'autrui; Bourguignon eût poussé des hurlements de douleur, s'il eût vu la mesure que Tapin remplit à cette femme de bon vin de Mâcon, pour deux sous.

— Allons, allons, dit-elle, je vais rassurer le quartier qui commençait à s'émouvoir, et je vous promets de vous conserver ma pratique, monsieur Champagne; il y a même plus, si M. Bourguignon n'était pas votre cousin, je vous dirais ce que j'en pense.

— Oh! dites, voisine, dites, ne vous gênez pas.

— Eh bien! je viens de m'apercevoir qu'il me volait comme un gueux, le même pot que vous venez de m'emplir bord à bord pour deux sous, c'est à peine s'il me l'emplissait pour quatre, lui.

— Voyez-vous cela, dit Tapin.

— Oh! monsieur Champagne, on a beau dire, voyez-vous, s'il n'y a pas de justice ici-bas, il y en a là-haut en tout, car c'est bien heureux que vous vous soyez trouvé là pour continuer son commerce.

— Je le crois bien, dit tout bas Tapin; — heureux pour ses clients.

Et il se hâta de congédier la femme, car il craignait de voir arriver celui que l'on attendait, et des explications pareilles pouvaient sembler suspectes au nouveau venu.

En effet, au même moment et comme l'horloge sonnait deux heures et demie, la porte de la rue s'ouvrit et un jeune homme de haute mine entra, couvert d'un manteau bleu semé de neige.

— C'est bien ici l'auberge du Muids-d'Amour, demanda le cavalier à Tapin.

— Oui, Monsieur.

— Et M. le capitaine La Jonquière loge ici?

— Oüi, Monsieur.

— Est-il au logis en ce moment?

— Oui, Monsieur, il vient justement de rentrer.

— Eh bien! prévenez-le, s'il vous plaît, de l'arrivée de M. le chevalier Gaston de Chanlay.

Tapin s'inclina, offrit au chevalier une chaise que celui-ci refusa, et entra dans la chambre du capitaine La Jonquière.

Gaston secoua la neige attachée à ses bottes, puis celle qui mouchetait son manteau, et se mit à regarder avec la curiosité désœuvrée de l'homme qui attend, les images qui tapissaient les murailles du cabaret, sans se douter qu'il y avait là autour des fourneaux trois ou quatre lames qu'un seul clignement d'yeux de cet hôte si humble et si obligeant pouvait faire passer de leurs fourreaux dans sa poitrine.

Au bout de cinq minutes, Tapin rentra et laissant la porte ouverte pour indiquer le chemin :

— M. le capitaine La Jonquière, dit-il, est aux ordres de M. le chevalier de Chanley.

Gaston s'avança dans la chambre parfaitement rangée et tenue avec un ordre tout militaire : dans cette chambre était celui que l'hôte lui présentait comme le capitaine La Jonquière, et sans être un physionomiste bien exercé il s'aperçut, ou qu'il fallait que cet homme cachât habilement son jeu, ou que ce n'était pas un bien grand matamore.

Petit, sec, le nez bourgeonnant, l'œil gris; ballottant dans un uniforme assez râpé et qui cependant le gênait aux entournures, attaché à une épée aussi longue que lui, tel apparut à Gaston ce capitaine formidable pour lequel les instructions du marquis de Pontcalec et des autres conjurés, lui recommandaient d'avoir les plus grands égards.

— Cet homme est laid et a l'air d'un sacristain, pensa Gaston.

Puis, comme cet homme s'avançait vers lui pour le recevoir.

— C'est au capitaine La Jonquière, dit-il, que j'ai l'honneur de parler ?

— A lui-même, dit Dubois métamorphosé en capitaine, puis saluant à son tour, c'est M. le chevalier Gaston de Chanlay, reprit-il, qui veut bien me faire une visite.

— Oui, Monsieur, répondit Gaston.

— Vous avez les signes convenus, demanda le faux capitaine La Jonquière.

— Voici la moitié de la pièce d'or.

— Et voici l'autre, dit Dubois.

On rapprocha les deux fragments du sequin qui s'emboîtèrent parfaitement.

— Et maintenant, dit Gaston, voyons les deux papiers.

Gaston tira de sa poche le papier taillé

de si bizarre façon, sur lequel était écrit le nom du capitaine la Jonquière.

Dubois tira aussitôt de sa poche un papier pareil, sur lequel était écrit le nom du chevalier Gaston de Chanlay; on les mit l'un sur l'autre. Ils étaient taillés exactement sur le même patron et les découpures intérieures se rajustaient parfaitement.

— A merveille, dit Gaston, et maintenant le portefeuille.

Les portefeuilles de Gaston et du faux la Jonquière furent comparés, ils étaient exactement pareils, et tous deux, quoiqu'ils fussent neufs, contenaient un calendrier de l'année 1700, c'est-à-dire de dix-neuf ans antérieur à l'époque où l'on se trouvait. C'était une double précaution qui avait été prise de peur d'imitation.

Mais Dubois n'avait pas eu besoin d'imiter, il avait tout pris sur le capitaine La Jonquière, et avec sa diabolique sagacité et son infernal instinct il avait tout deviné et tiré parti de tout.

— Et maintenant? Monsieur, dit Gaston...

— Maintenant, reprit Dubois, nous pouvons causer de nos petites affaires ; n'est-ce point cela que vous voulez dire, chevalier?

— Justement, seulement sommes-nous en sûreté.

— Comme si nous étions au fond d'un désert.

— Asseyons-nous donc et causons.

— Volontiers, causons, chevalier.

Les deux hommes s'assirent de chaque côté d'une table sur laquelle il y avait une bouteille de xérès et deux verres.

Dubois en remplit un, mais au moment où il allait remplir l'autre, le chevalier étendit la main dessus pour indiquer qu'il ne boirait pas.

— Peste! dit Dubois en lui-même, il est mince et sobre, mauvais signe; César se défiait de ces gens maigres et qui ne buvaient jamais de vin, et ces gens-là, c'étaient Brutus et Cassius.

Gaston paraissait réfléchir, et de temps en temps jetait un regard de profonde investigation sur Dubois.

Dubois sirotait son verre de vin d'Espagne à petits coups, et supportait parfaitement le regard du chevalier.

— Capitaine, dit enfin Gaston, après un moment de silence, quand on entreprend, comme nous le faisons, une affaire dans laquelle on risque sa tête, il est bon, je crois, de se connaître, afin que le passé réponde de l'avenir. Montlouis, Talhouet, Ducquëdic et Pontcalec sont mes introducteurs auprès de vous, vous savez mon nom et ma condition, j'ai été élevé par un frère qui avait des motifs de haine personnelle contre le régent. Cette haine j'en ai hérité, il en est résulté que lorsque voilà bientôt trois ans, la ligue de la noblesse s'est formée en Bretagne, je suis entré dans la conjuration : maintenant j'ai été choisi par les conjurés bretons pour venir m'entendre avec ceux de Paris, venir recevoir les instructions du baron de Valet, qui est arrivé d'Espagne, les transmettre au duc d'Olivarès, agent de sa majesté catholique à Paris, et m'assurer de son assentiment.

— Et que doit faire dans tout cela le capitaine La Jonquière, demanda Dubois, comme si c'était lui qui doutât de l'identité du chevalier.

— Il doit me présenter au duc. Je suis arrivé il y a deux heures. J'ai vu M. de Valef tout d'abord, enfin je viens de me faire reconnaître à vous, maintenant, Monsieur, vous connaissez ma vie comme moi-même.

Dubois avait écouté en mimant chacune des impressions qu'il recevait, comme eût pu le faire le meilleur acteur, puis quand Gaston eût fini.

— Quant à moi, chevalier, dit-il, en se renversant sur sa chaise avec un air plein de noble indolence, je dois avouer que mon histoire est un peu plus longue et un peu plus accidentée que la vôtre. Cependant, si vous désirez que je vous la raconte, je me ferai un devoir de vous obéir.

— Je vous ai dit, capitaine, reprit Gaston en s'inclinant, que lorsqu'on en était où nous en sommes, une des premières nécessités de la situation était de se bien connaître.

— Eh bien! reprit Dubois, je me nomme, comme vous le savez, le capitaine La Jonquière ; mon père était ainsi que moi officier d'aventure; c'est un métier où l'on gagne beaucoup de gloire, mais où l'on amasse en général fort peu d'argent. Mon glorieux père mourut donc en me laissant pour tout héritage sa rapière et son uniforme. Je ceignis la rapière qui était un peu longue, et j'endossai l'uniforme qui était un peu large. C'est depuis ce temps, continua Dubois en faisant remarquer au chevalier l'ampleur de son justaucorps que du reste le chevalier avait déjà remarquée, c'est depuis ce temps que j'ai contracté l'habitude de ne pas être gêné dans mes mouvements.

Gaston s'inclina en signe qu'il n'avait rien à dire contre cette habitude, et que quoiqu'il fût plus serré dans son habit que Dubois ne l'était dans le sien, il la tenait pour bonne.

— Grâce à ma bonne mine, continua Dubois, je fus reçu dans le Royal-Italien qui, par économie d'abord, et ensuite parce que l'Italie n'était plus à nous, se recrutait pour le moment en France. J'y tenais donc une place fort distinguée comme anspessade, lorsque la veille de la bataille de Malplaquet, j'eus avec mon sergent une légère altercation à propos d'un ordre qu'il me donnait le bout de sa canne en l'air, au lieu de me le donner, comme la chose était convenable, le bout de la canne en bas.

— Pardon, dit Gaston, mais je ne comprends pas bien la différence que cela pouvait faire à l'ordre qu'il vous donnait.

— Cela fit cette différence qu'en baissant

sa canne il effleura la corne de mon chapeau, lequel tomba à terre. Il résulta de cette maladresse un petit duel dans lequel je lui insinuai mon sabre au travers du corps. Or, comme on m'eût incontestablement passé par les armes si j'avais eu la complaisance d'attendre qu'on m'arrêtât, je fis demi-tour à gauche et je me réveillai le lendemain matin, le diable m'emporte si je sais comment cela se fit! dans le corps d'armée du prince de Malboroug.

— C'est-à-dire que vous désertâtes, reprit le chevalier en souriant.

— J'avais pour moi l'exemple de Coriolan et du grand Condé, continua Dubois, ce qui me parut une excuse suffisante aux yeux de la postérité. J'assistai donc comme acteur, je dois le dire, puisque nous avons promis de n'avoir rien de caché l'un pour l'autre, j'assistai comme acteur à la bataille de Malplaquet, seulement au lieu de me trouver d'un côté du ruisseau, je me trouvai de l'autre, au lieu de tourner le dos au village, je l'avais en face de moi. Je crois que ce changement de place fut fort heureux pour votre serviteur; le Royal-Italien laissa huit cents hommes sur le champ de bataille, ma compagnie fut écharpée, mon camarade de lit coupé en deux par un des dix-sept mille coups de canon qu'on tira dans la journée. La gloire dont feu mon régiment s'était couverte enchanta tellement l'illustre Malboroug qu'il me fit enseigne sur le champ de bataille. Avec un tel protecteur, je devais aller loin, mais sa femme lady Malboroug, que le ciel confonde, ayant eu, comme vous le savez, la maladresse de laisser tomber une jatte d'eau sur la robe de la reine Anne, ce grand événement changea la face des choses en Europe, et dans le bouleversement qu'il amena, je me trouvai sans autre protecteur que mon mérite personnel et les ennemis qu'il m'avait faits.

— Et que devîntes-vous alors? demanda Gaston qui prenait un certain intérêt à la vie aventureuse du prétendu capitaine.

— Que voulez-vous? Cet isolement me conduisit bien malgré moi à demander du service à Sa Majesté catholique, laquelle, en son honneur, je dois le dire, accéda gracieusement à ma demande. Au bout de trois ans j'étais capitaine, mais sur une solde de trente réaux par jour, on nous en retenait vingt, tout en nous faisant valoir l'honneur infini que nous faisait le roi d'Espagne en nous empruntant notre argent. Comme ce mode de placement ne me paraissait pas présenter la sécurité nécessaire, je demandai à mon colonel la permission de quitter le service de Sa Majesté catholique et de revenir dans ma belle patrie, le tout accompagné d'une recommandation quelconque afin que l'on ne m'inquiétât point par trop à l'endroit de mon affaire de Malplaquet. Le colonel m'adressa alors à Son Excellence le prince de Cellamarre, lequel ayant reconnu en moi une certaine disposition naturelle à obéir aux ordres qu'on me donne sans les discuter jamais, lorsqu'ils me sont donnés d'une façon convenable et accompagnés d'une certaine musique, allait m'employer activemeut dans la fameuse conspiration à laquelle il a donné son nom, lorsque tout-à-coup l'affaire manqua, comme vous le savez, par la double dénonciation de la Fillon et d'un misérable écrivain nommé Buvat. Mais comme son Altesse pensa fort judicieusement que ce qui était différé n'était pas perdu, il me recommanda à son successeur, auquel j'espère que mes petits services pourront être de quelque utilité, et que je remercie de tout mon cœur de m'avoir offert cette occasion de faire la connaissance d'un cavalier aussi accompli que vous. Faites donc état de moi, chevalier, comme de votre très humble et très obéissant serviteur.

— Ma demande se bornera, capitaine, répondit Gaston, à vous prier de me présenter au duc, le seul à qui mes instrucctions me permettent de m'ouvrir et à qui je dois rendre les dépêches du baron de Valef. Je suivrai donc à la lettre mes instructions, et vous prierai, capitaine, de me présenter à son Excellence.

— Aujourd'hui même, monsieur, dit Dubois, qui paraissait avoir pris sa résolution; dans une heure, si vous le voulez, dans dix minutes si c'est nécessaire.

— Le plus tôt possible.

— Écoutez, dit Dubois, je me suis un peu avancé quand je vous ai dit que je vous ferais voir son Excellence dans une heure; à Paris on n'est sûr de rien; peut-être n'est-il pas prévenu de votre arrivée, peut-être ne vous attend-il pas, peut-être ne le trouverai-je pas chez lui.

— Je comprends cela, j'aurai patience.

— Peut-être enfin, continua Dubois, serai-je empêché de venir vous reprendre.

— Pourquoi cela?

— Pourquoi cela? peste! chevalier, on voit bien, que vous en êtes à votre premier voyage à Paris.

— Que voulez-vous dire ?

— Je veux dire, monsieur, qu'il y a à Paris trois polices, toutes différentes, toutes distinctes, et qui cependant s'entrecroisent et se réunissent quand il s'agit de tourmenter les honnêtes gens qui ne demandent pas autre chose que le renversement de ce qui est, pour y mettre ce qui n'y est pas. 1° La police du régent qui n'est pas bien à craindre. 2° Celle de messire Voyer-d'Argenson, Heu! celui-là, il a ses jours, ceux où il est de mauvaise humeur, quand il a été mal gratté au couvent de la Madelaine du Tresnel. 3° Il y a celle de Dubois, ah! celle-là c'est autre chose, maître Dubois est un grand.....

— Un grand misérable, reprit Gaston,

vous ne m'apprenez rien là de nouveau, je le sais.

Dubois s'inclina avec son fatal sourire de singe.

— Eh bien! pour échapper à ces trois polices, dit Gaston...

— Il faut beaucoup de prudence, chevalier.

— Instruisez-moi alors, capitaine, car vous paraissez plus au courant que moi ; moi je vous l'ai dit, je suis un provincial, et pas autre chose.

— Eh bien! d'abord, il serait important que nous ne logeassions pas dans le même hôtel.

— Diable! répondit Gaston, qui se rappelait l'adresse donnée à Hélène, voilà qui me contrarie, j'avais des raisons pour désirer rester ici.

— Qu'à cela ne tienne, chevalier, c'est moi qui déménagerai. Prenez une de mes deux chambres, celle-ci, ou celle du premier.

— Je préfère celle-ci.

— Vous avez raison, au rez-de-chaussée, fenêtre sur une rue, porte secrète sur l'autre. Allons, allons, vous avez de l'œil et l'on fera quelque chose de vous.

— Revenons à notre affaire, dit le chevalier.

— Oui, c'est juste, que disais-je ?

— Vous disiez que vous seriez peut-être empêché de me venir reprendre vous-même.

— Oui, mais en ce cas faites bien attention de ne suivre celui qui viendra vous chercher qu'à bonne enseigne.

— Dites-moi à quels signes je pourrai reconnaître qu'il vient de votre part.

— D'abord, il faut qu'il ait une lettre de moi.

— Je ne connais pas votre écriture.

— C'est juste, et je vais vous donner un spécimen.

Dubois se mit à une table et écrivit les quelques lignes suivantes :

« Monsieur le chevalier,

« Suivez avec confiance l'homme qui vous
« remettra ce billet, il est chargé par moi
« de vous conduire dans la maison où vous
« attendent M. le duc d'Olivarès et le capi-
« taine La Jonquière. »

— Tenez, continua-t-il en lui remettant le billet, si quelqu'un venait en mon nom, il vous remettrait un autographe pareil à celui-ci.

— Serait-ce assez ?

— Ce n'est jamais assez, outre l'autographe, il vous montrera la moitié de la pièce d'or, et à la porte de la maison où il vous conduira, vous lui demanderiez encore le troisième signe de reconnaissance.

— Qui serait?

— Qui serait le papier.

— C'est bien, dit Gaston, avec ces précautions, c'est bien le diable, si nous nous laissons prendre; ainsi, maintenant qu'ai-je à faire?

— Maintenant, attendez; vous ne comptez par sortir aujourd'hui.

— Non.

— Eh bien, tenez-vous coi et couvert

dans cet hôtel, ou rien ne vous manquera, je vais vous recommander à l'hôte.

— Merçi.

— Mon cher monsieur Champagne, dit en ouvrant la porte, La Jonquière à Tapin, voici le chevalier de Chanlay qui reprend ma chambre, je vous le recommande comme moi-même.

— Puis en la refermant.

— Ce garçon-là vaut son pesant d'or, monsieur Tapin, dit Dubois, à demi-voix, que ni vous ni vos gens ne le perdent donc un instant de vue, vous m'en répondez sur votre tête.

VII

Son Excellence le duc d'Olivarès.

Cependant Dubois en quittant le Chevalier admirait comme il avait déjà eu si souvent l'occasion de le faire, le hasard providentiel qui lui mettait encore une fois entre les mains tout l'avenir du Régent et de la France. En traversant la salle commune, il reconnut l'Éveillé qui causait avec Tapin et lui fit signe de le suivre : c'était l'Éveillé, on se le rappelle, qui avait été chargé de faire disparaître le vrai La Jonquière : arrivé dans la rue, Dubois s'informa avec intérêt de ce qu'était devenu le digne capitaine : duement garrotté et bâillonné, il avait été conduit au donjon de Vincennes pour ne gêner aucune des manœuvres du gouvernement : il y avait à cette époque une manière de système préventif admirablement commode pour les ministres.

Éclairé sur ce point important, Dubois continua son chemin tout pensif ; la moitié de la besogne seulement était faite, et c'était la plus facile : maintenant il fallait décider le régent à se remettre violemment dans un genre d'affaires qu'il avait en horreur, la politique du guet-apens.

Dubois commença par s'informer de l'endroit où était le régent et de ce que faisait le régent.

Le prince était dans son cabinet, non pas d'affaire, mais de travail, non pas de régent, mais d'artiste, achevant une gravure à l'eau forte, préparée par Humbert, son chimiste, lequel à une table voisine embaumait un Ibis par le procédé des Égyptiens qu'il prétendait avoir retrouvé. En même temps un secrétaire lisait au prince une correspondance dont le chiffre était connu du régent seul.

Tout-à-coup, la porte s'ouvrit au grand

étonnement du régent, dont ce cabinet était le refuge, et d'une voix sonore l'huissier annonça monsieur le capitaine La Jonquière.

— Le Régent se retourna.

— La Jonquière, dit-il, qu'est-ce que cela !

Humbert et le secrétaire se regardèrent, étonnés qu'on introduisît ainsi un étranger dans leur sanctuaire.

Au même moment, une tête pointue et allongée, assez semblable à celle d'une fouine se glissa dans l'entrebâillement de la porte.

Le régent fut un instant sans reconnaître Dubois, tant il était bien déguisé ; mais enfin, ce nez pointu, qui n'avait pas son second dans le royaume, le trahit.

L'expression d'une suprême hilarité remplaçait sur le visage du duc celle de l'étonnement, qui y avait apparu d'abord.

— Comment, c'est toi, l'Abbé! dit Son Altesse en éclatant de rire. Et que signifie ce nouveau déguisement?

— Cela signifie, monseigneur, que je change de peau : de renard je me fais lion. Et maintenant monsieur le chimiste et monsieur le secrétaire faites-moi le plaisir, vous d'aller empailler votre oiseau ailleurs, vous d'aller achever votre lettre autre part.

—Et pourquoi cela? demanda le régent.

— Parce que j'ai à parler à votre Altesse, d'affaires importantes.

— Va-t'en au diable! avec tes affaires; l'heure est passée, tu reviendras demain, dit le régent.

—Monseigneur, reprit Dubois, ne voudrait pas m'exposer à rester jusqu'à demain sous cette vilaine enveloppe, je n'aurais qu'à mourir subitement. Fi donc! je ne m'en consolerais jamais.

— Arrange-toi comme tu voudras, j'ai

décidé que le reste de la journée serait consacré au plaisir.

— Eh bien ! cela tombe à merveille, je viens vous proposer, à vous aussi, un déguisement.

— Un déguisement à moi. Que veux-tu dire, Dubois, continua le régent, qui crut qu'il était question d'une de ses mascarades ordinaires.

— Allons, voilà l'eau qui vous vient à la bouche, monsieur Alain.

— Parle, qu'as-tu arrangé?

— Renvoyez d'abord votre chimiste et votre secrétaire.

— Tu y tiens.

— Absolument.

— Alors, puisque tu le veux.

Le régent congédia Humbert, d'un geste amical, et le secrétaire d'un signe de commandement. Tous deux sortirent.

— Et maintenant, voyons, dit le régent. Que me veux-tu.

— Je veux vous présenter, Monseigneur, un jeune homme qui arrive de Bretagne, et qui m'est particulièrement recommandé, un garçon charmant.

— Et comment l'appelles-tu.

Le chevalier Gaston de Chanley.

— De Chanley, reprit le régent, en cherchant à rappeler ses souvenirs ; ce nom ne m'est pas tout-à-fait inconnu.

— Vraiment.

— Non, il me semble l'avoir entendu prononcer autrefois, mais je ne me rappelle plus dans quelle circonstance. Et que vient faire à Paris ton protégé.

—Monseigneur, je ne veux pas vous ôter la surprise de la découverte, il vous le dira tout-à-l'heure à vous-même, ce qu'il vient faire à Paris.

— Comment, à moi-même.

— Oui, c'est-à-dire à son excellence le duc d'Olivarès dont vous allez, s'il-vous-plaît, prendre la place. — Ah! c'est un conspirateur fort discret que mon protégé, et bien m'en a pris; grâce à ma police, toujours la même, Monseigneur, qui vous a suivi à Rambouillet, bien m'en a pris, dis-je, d'être au courant des choses. Il était adressé à Paris, à un certain La Jonquière, lequel devait le présenter à son excellence le duc d'Olivarès. Vous comprenez maintenant, n'est-ce pas.

— Aucunement, je te l'avoue.

— Eh bien! j'ai été le capitaine La Jonquière; mais je ne puis pas être à la fois le capitaine La Jonquière et Son Excellence.

— Et alors tu as réservé ce rôle...

— A vous, Monseigneur.

— Merci : ainsi tu veux qu'à l'aide d'un faux nom je surprenne les secrets...

— De vos ennemis, interrompit Dubois. Pardieu! le beau crime, et puis comme cela vous coûte beaucoup à vous de changer de nom et d'habits, comme vous n'avez pas déjà, grâce à de pareils moyens, surpris bien autre chose que des secrets. Mais rappelez-vous donc, Monseigneur, que grâce au caractère aventureux dont le ciel vous a fait don, notre vie à tous les deux est une espèce de mascarade continuelle. Que diable! Monseigneur, après vous être appelé M. Alain et maître Jean, vous pouvez bien sans déroger, ce me semble, vous appeler le duc d'Olivarès.

— Mon cher, je ne demande pas mieux que de me déguiser, quand cette plaisanterie doit me procurer une distraction quelconque; mais...

— Mais vous déguiser, continua Dubois pour conserver le repos à la France, pour empêcher des intrigants de bouleverser le royaume, pour empêcher des assassins de vous poignarder peut-être, allons donc, la chose est indigne de vous ; je comprends cela! Ah! si c'était pour séduire cette petite quincaillère du Pont-Neuf, ou cette jolie veuve de la rue Saint-Augustin, je ne dis pas : peste! cela en vaudrait la peine.

— Mais enfin, reprit le Régent, voyons : si comme toujours je cède à ce que tu me demandes, qu'en résultera-t-il.

— Il en résultera que vous conviendrez peut-être à la fin que je ne suis pas un visionnaire, et que vous permettrez alors qu'on veille sur vous, puisque vous ne voulez pas y veiller vous-même.

— Mais une fois pour toutes, si la chose n'en vaut pas la peine, serai-je délivré de tes obsessions.

— Sur l'honneur je m'y engage.

—L'Abbé, si cela t'étais égal, j'aimerais mieux un autre serment.

— Oh ! que diable ! Monseigneur, aussi

vous êtes trop difficile, on jure par ce qu'on peut.

— Il est écrit que ce drôle-là n'aura jamais le dernier.

— Monseigneur consent.

— Encore cette maussaderie.

— Peste! vous verrez si c'en est une.

— Je crois, Dieu me pardonne, que tu en fais pour m'effrayer, des complots.

— Alors ils sont bien faits, vous verrez celui-là.

— Tu en es content?

— Je le trouve fort agréable.

— Si je n'ai pas peur, gare à toi.

— Monseigneur exige trop.

— Tu me flattes, tu n'es pas sûr de ta conspiration, Dubois.

— Eh bien! je vous jure, Monseigneur, que vous jouirez d'une certaine émotion et que vous vous trouverez heureux de parler par la bouche de Son Excellence.

Et Dubois qui craignait que le régent ne revînt sur sa décision encore mal consolidée, s'inclina et sortit.

Il n'était pas dehors depuis cinq minutes, qu'un courrier entra précipitamment dans l'antichambre et remit une lettre à un page, ce page le congédia et entra aussitôt chez le régent qui à la simple inspection de l'écriture laissa échapper un mouvement de surprise.

Madame Desroches, dit-il, voyons, il y a donc du nouveau, et brisant précipitamment le cachet, il lut ce qui suit :

« Monseigneur,

« La jeune dame que vous m'avez « confiée ne me paraît pas en sûreté ici.

— Bah! s'écria le régent.

Puis il continua :

« Le séjour de la ville, que Votre Altesse

« redoutait pour elle, vaut cent fois mieux
« que l'isolement, et je ne me sens pas la
« force de défendre comme je le voudrais,
« ou plutôt comme il le faudrait la per-
« sonne que Votre Altesse m'a fait l'hon-
« neur de me confier.

— Ouais ! fit le régent, les choses s'embrouillent, ce me semble.

« Un jeune homme qui avait déjà écrit
« hier à mademoiselle Hélène, un instant
« avant votre arrivée, s'est présenté ce ma-
« tin au pavillon, je l'ai voulu éconduire,
« mais mademoiselle m'a ordonné si pé-
« remptoirement d'obéir et de me retirer,
« que dans ce regard enflammé, dans ce
« geste de reine, j'ai reconnu, n'en dé-

« plaise à Votre Altesse royale, le sang qui
« commande. »

— Oui, oui, dit le régent, en souriant malgré lui, c'est bien ma fille! puis il ajouta :

— Quel peut être ce jeune homme, un muguet qui l'aura vue au parloir de son couvent; si elle me disait son nom encore, cette folle de madame Desroches, et il reprit :

« Je crois, Monseigneur, que ce jeune
« homme et mademoiselle se sont déjà
« vus ; je me suis permis d'écouter, pour le
« service de votre Altesse, et malgré la
« double porte, à un moment où il haus-

« sait la voix, j'ai pu distinguer ces mots :
« vous voir comme par le passé.

« Que votre Altesse royale soit donc as-
« sez bonne pour me sauver du danger
« réel que court ma surveillance, et je la
« supplie de me transmettre un ordre
« positif, par écrit même, à l'abri duquel
« je puisse me retirer pendant les colères
« de mademoiselle. »

— Diable, continua le régent, voilà qui complique la situation, déjà de l'amour, mais non, cela n'est pas possible, élevée si sévèrement, si isolément, dans le seul couvent de France peut-être où les hommes ne passent jamais le parloir, dans une province où l'on dit l'air des mœurs si pur; non, c'est quelqu'aventure que ne comprend pas cette Desroches, habituée aux roueries de la cour et surexcitée si souvent par les espiégleries de mes autres filles.

— Mais voyons, que me dit-elle encore?

« *P. S.* Je viens de faire prendre des in-
« formations à l'hôtel du Tigre-Royal; le
« jeune homme est arrivé hier, à sept heu-
« res du soir, c'est-à-dire trois quarts
« d'heures avant Mademoiselle ; il venait
« par la route de Bretagne, c'est-à-dire
« par le chemin qu'elle suivait. Il voyage
« sous le nom de M. de Livry. »

— Oh! oh! fit le régent, ceci devient

plus dangereux, c'est tout un plan arrêté d'avance. Pardieu! Dubois rirait bien si je lui parlais de cette circonstance ; comme il me retournerait mes dissertations sur la pureté des jeunes filles loin de Versailles ou de Paris! Il faut espérer que malgré sa police le drôle ne saura rien de tout ceci.

— Holà! page.

Le page qui avait apporté la lettre rentra.

Le duc écrivit à la hâte quelques lignes.

— Le messager qui arrive de Rambouillet? demanda-t-il.

— Attend la réponse, monseigneur, répondit ce jeune homme.

— C'est bien, rendez-lui ce message, et qu'il reparte à l'instant même ; allez.

Le courrier un instant après faisait retentir dans la cour les fers sonores de son cheval.

Quant à Dubois, tout en préparant l'entrevue de Gaston avec la fausse excellence, il faisait *in petto* ce petit calcul.

— Je tiens le régent par lui-même et par sa fille. Cette intrigue de la jeune personne est sans conséquence ou sérieuse. Si elle est sans conséquence, je la brise en l'exagérant. Si elle est sérieuse, j'ai le mérite réel auprès du duc de l'avoir découverte. Seulement il ne faut pas frapper les deux coups à la fois : *bis repetita placent*. Bon, voilà encore une citation! cuistre que tu es, tu ne pourras donc jamais t'en déshabituer? C'est dit, sauvons le duc d'abord, sa fille ensuite, et il y aura deux récompenses. Voyons, est-ce bien cela, le duc d'abord; oui, qu'une jeune fille succombe, personne n'en souffre ; qu'un homme meure, et tout un royaume est perdu : commençons par le duc.

Et sur cette résolution, Dubois expédia un courrier très pressé à M. de Montaran, à Nantes.

Nous avons déjà dit que M. de Montaran était l'ancien gouverneur de la Bretagne.

Quant à Gaston, son parti était pris : honteux d'avoir eu affaire à un homme de la trempe de La Jonquière et d'être placé vis-à-vis d'un pareil maraud dans une position subordonnée ; il se félicitait de communiquer désormais avec le chef plus digne de l'entreprise, résolu, s'il trouvait dans ce rang la même bassesse et la même vénalité, de retourner à Nantes pour raconter à ses amis ce qu'il avait vu et leur demander ce qu'il devait faire.

Pour Hélène, il n'hésitait plus, il connaissait le courage indomptable de cette enfant, son amour et sa loyauté. Il savait, à n'en pas douter, qu'elle mourrait plutôt que d'avoir à rougir, même involontairement, devant son ami le plus cher. Il voyait avec joie que le bonheur de retrouver un père n'avait pas altéré son affection si dévouée, et que la fortune présente ne lui avait pas fait oublier le passé. Mais aussi, d'un autre côté, ses craintes à l'égard de cette paternité mystérieuse ne le quittaient plus depuis qu'il était séparé d'Hélène. Quel roi, en effet, n'eût avoué une telle fille, à moins que quelque chose de honteux n'y mît obstacle.

Gaston s'habilla avec soin. Il y a la coquetterie du plaisir et la coquetterie du danger. Il embellit sa jeunesse si fraîche et si gracieuse déjà, de tout ce que le costume avantageux de l'époque pouvait donner d'attraits à un visage mâle encadré de beaux cheveux noirs : sa jambe fine et nerveuse se dessinait sous la soie; ses épaules et sa poitrine jouaient à l'aise sous le velours, une plume blanche, après s'être arrondie sous la forme de son chapeau, retombait sur son épaule, et, en se regardant dans la glace, Gaston se sourit à lui-même et se trouva un conspirateur de fort bon air.

De son côté, le régent avait, par le conseil de Dubois, pris un costume de velours noir et enseveli dans une vaste cravate de malines la moitié de son visage, que le jeune homme eut pu reconnaître, d'après les portraits multipliés de l'époque.

Quant à l'entrevue, elle devait avoir lieu dans une petite maison du faubourg Saint-Germain, qui était occupée par une de ses maîtresses et qu'il avait invitée à l'évacuer. Entre les deux corps de logis était un pavillon isolé, fermé complètement à la lumière et garni de lourdes tapisseries. C'est là que le régent, transporté dans une berline fermée qui sortit du Palais-Royal par les derrières, arriva vers les cinq heures, c'est-à-dire à la nuit tombante.

VII

Monseigneur nous sommes Bretons.

Gaston était resté dans la chambre du rez-de-chaussée et s'habillait comme nous l'avons dit, tandis que maître Tapin continuait de faire son apprentissage. Aussi, vers le soir, savait-il aussi bien mesurer une chopine que son prédécesseur ; et mieux même. Car il avait compris que dans les dédommagements qu'on payerait à maître Bourguignon, le gaspillage figurerait au compte; il comprenait donc que moins on gaspillerait, plus, lui Tapin, ferait de bénéfices. Aussi la pratique du matin fut-elle très mal servie le soir et se retira-t-elle fort mécontente.

Une fois habillé, Gaston, pour achever de se fixer sur le caractère du capitaine La Jonquière, fit l'inventaire de sa bibliothèque : elle se composait de trois sortes de livres : livres obscènes, livres d'arithmétique, livres de théorie. Parmi ces derniers, le *Parfait Sergent-Major* était relié d'une façon toute particulière, et paraissait avoir été énormément lu; puis venaient les mémoires du capitaine, mémoires de dépense, bien entendu, tenus avec tout l'ordre d'un fourrier de régiment. — Tant de futilité ! — Il pensa que c'était un masque à la Fiesque, pour couvrir le visage du conspirateur.

Pendant que Gaston se livrait consciencieusement à cet inventaire appréciateur, un homme entra, introduit par Tapin qui l'annonça et le laissa aussitôt discrètement seul avec le chevalier. Aussitôt que la porte fut refermée ; l'homme s'approcha de Gaston, lui annonça que le capitaine La Jonquière ne pouvant pas venir, l'avait envoyé à sa place. Gaston lui demanda la preuve de cette mission. L'inconnu tira d'abord une lettre du capitaine exactement dans les mêmes termes et de la même écriture que le specimen qu'il avait entre les mains, puis après la lettre, la moitié de la pièce d'or ; Gaston reconnut dès-lors que c'était bien l'envoyé attendu et ne fit aucune difficulté de le suivre. Tous deux montèrent dans un carrosse exactement fermé, ce qui n'avait rien d'étonnant, vu le motif de la course. Gaston vit qu'il traversait la rivière au Pont-Neuf et qu'il descendait les quais, mais une fois entré dans la rue du Bac, il ne vit plus rien, car au bout d'un instant la voiture s'arrêta dans une cour en face d'un pavillon. Alors, sans même que Gaston le demandât, son compagnon tira de sa poche le papier taillé sur lequel se trouvait le nom du chevalier, de sorte que si celui-ci eût conservé quelques doutes, ces doutes se fussent dissipés.

La portière s'ouvrit : Gaston et son compagnon descendirent, montèrent les quatre marches d'un perron et se trouvèrent dans un vaste corridor circulaire, lequel enveloppait la seule pièce dont se composait le pavillon. Avant de soulever la portière qui masquait une des entrées, Gaston se retourna pour chercher son guide; mais son guide avait déjà disparu. Le chevalier était resté seul.

Le cœur lui battit violemment : ce n'était plus à un homme vulgaire qu'il allait parler. Il ne s'agissait plus de l'instrument grossier mis en œuvre : c'était la pensée du complot elle-même qu'il allait voir en face : c'était l'idée de la rébellion faite homme ; c'était le représentant d'un roi devant lequel il allait se trouver, lui représentant de la France : il allait parler, bouche à bouche, avec l'Espagne et porter à l'étranger les offres d'une guerre commune contre sa patrie; il jouait un royaume de moitié avec un autre royaume.

Une sonnette retentit au dedans.

Le bruit de cette sonnette fit frissonner Gaston. Il se regarda dans une glace, il était pâle : il s'appuya contre le mur, car ses genoux fléchissaient, mille pensées qui ne lui étaient jamais venues l'assaillirent en ce moment; le pauvre garçon n'était pas au bout de ses souffrances.

La porte s'ouvrit et Gaston se trouva devant un homme qu'il reconnut pour La Jonquière.

— Encore ! murmura-t-il avec dépit.

Mais le capitaine, malgré son œil vif et exercé ne parut pas s'apercevoir du nuage qui obscurcissait le front du chevalier.

— Venez, chevalier, lui dit-il, *on* nous attend.

Alors Gaston rassuré par l'importance même de l'action qu'il entreprenait, s'avança d'un pas assez ferme sur le tapis qui assourdissait le bruit de ses pas. Il se fit l'effet d'une ombre comparaissant devant une autre ombre.

En effet muet et immobile, un homme, le dos tourné à la porte, un homme était assis ou plutôt enseveli dans un vaste fauteuil, on n'entrevoyait que ses jambes croisées l'une sur l'autre. La lumière de la bougie unique, placée sur une table dans un cadelabre de vermeil et recouverte d'un abat-jour, n'éclairait que la partie inférieure de son corps, la tête et les épaules, protégées par le jeu d'un écran, restaient dans la pénombre.

Gaston trouva les traits franchement accusés et le visage noble. C'était un gentilhomme qui se connaissait en gens de race et il comprit tout de suite que celui-là n'était pas un capitaine La Jonquière, la bouche était bienveillante, l'œil grand, hardi et fixe comme celui des rois et des oiseaux de proie, il lut de hautes pensées sur ce front, une grande prudence et quelque fermeté dans les contours fins de la partie inférieure du visage ; tout cela cependant au milieu de l'obscurité et malgré la cravate de Malines.

— Au moins voilà l'aigle, se dit-il, l'autre n'était que le corbeau ou tout au plus le vautour.

Le capitaine La Jonquière se tint respectueusement debout en se faisant gros des hanches pour avoir l'attitude martiale : l'inconnu après avoir regardé quelque temps Gaston qui le saluait en silence et cela avec la même attention que Gaston l'avait regardé lui-même, se leva et salua à son tour fort dignement de la tête, et alla s'adosser à la cheminée.

— Monsieur est la personne dont j'ai eu l'honneur de parler à votre Excellence, dit La Jonquière ; monsieur le chevalier Gaston de Chanlay.

L'inconnu s'inclina légèrement de nouveau, mais ne répondit pas.

— Mordieu ! lui souffla tout bas Dubois à l'oreille, si vous ne lui parlez pas, il ne répondra rien.

—Monsieur arrive de Bretagne, je crois, répondit froidement le duc.

—Oui Monseigneur, mais que votre Excellence daigne me pardonner ; monsieur le capitaine La Jonquière lui a dit mon nom, mais moi je n'ai pas encore l'honneur de savoir le sien ; excusez mon impolitesse, Monseigneur, mais ce n'est pas moi qui parle, c'est le pays qui m'envoie.

— Vous avez raison, Monsieur, dit vivement La Jonquière, en tirant d'un portefeuille placé sur la table un papier au bas duquel s'étalait une large signature avec le sceau du roi d'Espagne.

— Voici le nom, dit-il.

« Duc d'Olivarès, lut Gaston. »

—Puis se retournant vers celui qu'on

lui présentait sans remarquer la légère rougeur qui colorait ses joues, il s'inclina respectueusement.

— Et maintenant, Monsieur, dit l'inconnu, vous n'hésiterez plus à parler, je présume.

— Je croyais avoir à écouter d'abord, répondit Gaston, se tenant encore sur la défensive.

— C'est vrai, Monsieur ; toutefois, c'est un dialogue que nous commençons, ne l'oubliez pas, chacun parle à son tour dans une conversation.

— Monseigneur, Votre Excellence me

fait trop d'honneur, et je vais lui donner l'exemple de la confiance.

— J'écoute Monsieur.

— Monseigneur, les états de Bretagne...

— Les mécontents de Bretagne, interrompit en souriant le régent, malgré un signe terrible de Dubois.

— Les mécontents sont si nombreux, reprit Gaston, qu'ils doivent être regardés comme les représentants de la province : cependant j'emploierai la locution que m'indique Votre Excellence, les mécontents de Bretagne m'ont envoyé à vous, Monseigneur, pour savoir les intentions de l'Espagne dans cette affaire.

— Sachons d'abord celles de la Bretagne, reprit le régent.

— Monseigneur, l'Espagne peut compter sur nous, elle a notre parole et la loyauté bretonne est proverbiale.

— Mais à quoi vous engagez-vous vis-à-vis l'Espagne ?

— A seconder de notre mieux les efforts de la noblesse française.

— Mais n'êtes-vous donc pas Français, vous-mêmes ?

— Monseigneur, nous sommes Bretons. La Bretagne réunie à la France par un traité doit se regarder comme séparée d'elle du moment où la France ne respecte pas le droit qu'elle s'était réservée par ce traité.

—Oui, je sais, la vieille histoire du contrat d'Anne de Bretagne, il y a bien longtemps que ce contrat a été signé, Monsieur.

Le faux La Jonquière poussa le Régent de toute sa force.

— Qu'importe! dit Gaston, si chacun de nous le sait par cœur.

IX

M. André.

— Vous disiez donc alors que la noblesse bretonne était prête à seconder de son mieux la noblesse française : et que veut la noblesse française ?

— Substituer, en cas de mort de sa majesté, le roi d'Espagne au trône de France comme seul et unique héritier de Louis XIV.

— Bien, très bien, dit La Jonquière et fourrant ses doigts jusqu'à la première phalange dans une tabatière de corne et en prisant avec une évidente satisfaction.

— Mais enfin, reprit le régent, vous parlez de toutes ces choses comme si le roi était mort, et le roi ne l'est pas.

— Monsieur le grand Dauphin, monsieur le duc de Bourgogne, madame la duchesse de Bourgogne et leurs enfants ont disparu d'une façon bien déplorable.

Le régent pâlit de colère, Dubois se mit à tousser.

— On compte donc sur la mort du roi, demanda le duc.

— Généralement, Monseigneur, répondit le chevalier.

— Alors cela explique comment le roi d'Espagne espère, malgré la renonciation de ses droits, monter sur le trône de France, n'est-il pas vrai, Monsieur? mais parmi les gens qui sont attachés à la Régence il pense trouver quelqu'opposition à ses projets.

Le faux Espagnol appuya involontairement sur ces mots.

— Aussi, Monseigneur, répondit le chevalier, on a prévu le cas.

— Ah! fit Dubois, ah! l'on a prévu le cas, très bien, fort bien, quand je vous le disais, Monseigneur, que nos Bretons, étaient des hommes précieux, continuez, Monsieur, continuez.

Malgré l'invitation encourageante de Dubois, Gaston garda le silence.

— Eh bien! Monsieur, dit le duc, dont la curiosité s'excitait malgré lui, vous le voyez, j'écoute.

— Ce secret n'est pas le mien, Monseignenr, répondit le chevalier.

— Alors, dit le duc, je n'ai pas la confiance de vos chefs.

—Au contraire, Monseigneur, mais vous seul l'avez.

— Je vous comprends, Monsieur, mais le capitaine est de nos amis et je vous réponds de lui comme de moi.

— Mes instructions, Monseigneur, portent que je ne m'en ouvrirai qu'à vous seul.

— Mais, Monsieur, je vous ai déjà dit que je répondais du capitaine.

— En ce cas, reprit Gaston en s'inclinant, j'ai dit à Monseigneur tout ce que j'avais à lui dire.

— Vous entendez, capitaine, dit le régent, veuillez donc nous laisser seuls.

— Oui, Monseigneur, répondit Dubois, mais avant de vous quitter, moi aussi, j'aurais deux mots à vous dire.

Gaston se recula de deux pas par discrétion.

— Monseigneur, dit tout bas Dubois, poussez-le, mordieu! tirez-lui toute l'affaire des entrailles, vous n'aurez jamais occasion pareille. Eh bien! qu'en dites-vous de votre Breton, il est gentil, n'est-ce pas?

— Un charmant garçon, dit le régent, l'air tout-à-fait gentilhomme, des yeux pleins de fermeté et d'intelligence à la fois, une tête fine.

— On la coupera d'autant mieux, marronna Dubois en se grattant le nez.

— Que dis-tu?

— Rien, Monseigneur, je suis exactement de votre avis. Monsieur de Chanlay, votre serviteur et au revoir; un autre se fâcherait de ce que vous n'avez pas voulu parler devant lui, mais moi je ne suis pas fier, et pourvu que la chose tourne comme je l'entends, peu m'importent les moyens,

Chanlay, s'inclina légèrement.

— Allons, allons, dit Dubois, il paraît que je n'ai pas assez l'air d'un homme de guerre, diable de nez, va, c'est encore un de ses tours; mais c'est égal, la tête est bonne.

— Monsieur, dit le régent, lorsque Dubois eût fermé la porte, nous voilà seul, et je vous écoute.

— Monseigneur, vous me comblez, dit Chanlay,

— Parlez, Monsieur, reprit le régent, puis il ajouta en souriant, vous devez comprendre mon impatience, n'est-ce pas?

— Oui, Monseigneur, car votre Excellence est sans doute étonnée de ne point encore avoir reçu d'Espagne certaine dépêche que vous devez adresser au cardinal Olocroni.

— C'est vrai, Monsieur, répondit le régent, faisant un effort pour mentir, mais emporté par la situation.

— Je vais vous donner l'explication de ce retard, Monseigneur, le messager qui devait apporter cette dépêche est tombé malade et n'a pas quitté Madrid, le baron de Valef, mon ami qui, d'occasion, se trouvait en Espagne, s'est alors offert, on a hésité quelques jours; enfin, comme on le connaissait pour un homme déjà éprouvé dans la conspiration de Cellamarre on la lui a confiée.

— En effet, dit le régent, le baron de

Valef a échappé de bien peu aux émissaires de Dubois; savez-vous, Monsieur, qu'il y a eu un grand courage à essayer de renouer une œuvre ainsi rompue par la moitié. Je sais, quant à moi, que lorsque le régent a vu madame Du Maine et le prince de Cellamarre arrêtés, Messieurs de Richelieu, de Polignac, de Malezieux, mademoiselle de Launay et Brigaud à la Bastille, et ce misérable la Grange-Chancel aux îles Sainte Marguerite, il a cru tout fini.

— Vous voyez qu'il s'est trompé, Monseigneur.

Mais vos conspirateurs de la Bretagne ne craignent-ils pas, en se soulevant en ce moment, de faire couper la tête aux conspirateurs de Paris que le régent tient sous sa main.

— Tout au contraire, Monseigneur, ils espèrent les sauver, ou ils se feront une gloire de mourir avec eux.

— Comment cela? les sauver.

— Revenons à la dépêche s'il vous plaît, Monseigneur, je dois la remettre d'abord à votre Excellence, et la voici.

— C'est juste.

Le régent prit la lettre, mais au moment de la décacheter, voyant qu'elle était adressée à son excellence le duc d'Olivarès, il la posa sur la table sans l'ouvrir.

Chose étrange! et ce même homme brisait parfois pour son espionnage des postes, deux cents cachets par jour. Il est vrai qu'alors il était avec Torcy ou Dubois, et non avec le chevalier de Chanlay.

— Eh bien! Monseigneur, dit Chanlay, ne comprenant rien à l'hésitation du duc.

— Vous savez sans doute ce que contient cette dépêche, Monsieur? demanda le régent.

— Peut-être pas mot pour mot, Monseigneur, mais je sais ce qui a été convenu du moins.

—Voyons, dites, je suis bien aise de savoir jusqu'à quel point vous êtes initié aux secrets du cabinet espagnol.

—Lorsqu'on se sera défait du régent, dit Gaston sans voir le léger tressaillement qui, à ces paroles, agita son interlocuteur, on fera provisoirement reconnaître le duc Du Maine à sa place. Monsieur le duc Du Maine rompra à l'instant même le traité de la quadruple alliance signé par ce misérable Dubois.

— Oh! je suis vraiment fâché! interrompit le régent, que le capitaine La Jonquière ne soit plus là, il aurait eu plaisir à vous entendre parler ainsi; continuez, Monsieur, continuez.

On jetera le prétendant avec une flotte sur les côtes d'Angleterre, on mettra la Prusse, la Suède et la Russie aux prises avec la Hollande. L'Empire profitera de la lutte pour reprendre Naples et la Sicile, auxquels il a des droits par la maison de Souabe. On assurera le grand duché de Toscane, prêt à rester sans maître par l'extinction des Médicis, au second fils du roi d'Espagne; on réunira les Pays-Bas catholiques à la France. On donnera la Sardaigne au duc de Savoie, Commachio au pape. On fera de la France l'âme de la grande ligue du Midi contre le Nord, et si Sa Majesté Louis XV vient à mourir, on couronnera Philippe V roi de la moitié du monde.

— Oui, Monsieur, je sais tout cela, dit le régent, et c'est le plan de la conspiration Cellamarre remis à neuf; mais il y a dans ce que vous m'avez dit d'abord, une phrase que je ne comprends pas bien.

— Laquelle, Monseigneur, demanda Gaston.

— Celle-ci : l'on se défera du régent, et comment s'en défera-t-on, Monsieur ?

— L'ancien plan, comme vous le savez, Monseigneur, avait été de l'enlever et de le transporter dans la prison de Sarragosse, ou la forteresse de Tolède.

— Oui, et le plan a échoué par la surveillance du duc.

— Ce plan était impraticable, mille obstacles s'opposaient à ce que le duc arrivât à Tolède ou à Sarragosse, le moyen, je vous le demande, de faire traverser la France dans sa plus grande largenr à un pareil prisonnier.

— C'était difficile, dit le duc, aussi je n'ai jamais compris qu'un pareil moyen eut été adopté, je vois avec plaisir qu'on y a fait une légère modification.

— Monseigneur, on séduit ses gardes, on s'échappe d'une prison, on s'évade d'une forteresse, puis on revient en France; on ressaisit le pouvoir perdu, et l'on fait écarteler ceux qui ont exécuté l'enlèvement. Philippe V et Alberoni n'ont rien à craindre, son Excellence Monseigneur le duc d'Olivarès a regagné la frontière, et est hors de la portée de la main, et tandis que la moitié des conjurés échappe à la puissance du régent, l'autre moitié paie pour le tout.

— Cependant :

— Monseigneur, nous avons sous les yeux l'exemple de la dernière conspiration, et vous le disiez vous-même tout-à-l'heure. Messieurs de Richelieu, de Polignac, de Malezieux, de Laval, Brigaud et mademoiselle de Launay sont encore à la Bastille.

— Ce que vous dites-là, Monsieur, est plein de logique, répondit le duc.

— Tandis qu'au contraire, continua le chevalier, en se défaisant du régent...

— Oui l'on prévient son retour. On s'échappe d'une prison, on s'évade d'une forteresse, mais on ne sort pas d'une tombe, voilà ce que vous vouliez dire, n'est-ce pas?

— Oui, Monseigneur, répondit Gaston, avec un léger tremblement dans la voix.

— Alors, je comprends maintenant le but de votre mission, vous êtes venu à Paris pour vous défaire du régent.

— Oui, Monseigneur.

— En le tuant.

— Oui, Monseigneur.

— Et c'est vous, Monsieur, continua le régent, en fixant son regard profond sur le jeune homme, qui vous êtes offert de vous-même pour cette sanglante mission.

— Non, Monseigneur, jamais de moi-même je n'eusse choisi le rôle d'un assassin.

— Mais qui vous a forcé à jouer ce rôle, alors ?

— La fatalité, Monseigneur.

— Expliquez-vous, Monsieur ?

— Nous formions un comité de cinq gentilshommes associés à la ligue Bretonne, ligue partielle au milieu de la grande association, et il avait été convenu entre nous que tout ce que nous ferions se déciderait à la majorité.

— Je comprends, dit le duc, et la majorité a décidé qu'on assassinerait le régent.

— C'est cela, Monseigneur, quatre furent pour l'assassinat, un seul fut contre.

— Et celui qui fut contre, demanda le duc?

— Dussé-je perdre la confiance de votre Excellence, Monseigneur, c'était moi.

— Mais alors, Monsieur, comment vous êtes-vous chargé d'accomplir un dessein que vous désapprouviez ?

— Il avait été décidé que le sort désignerait celui qui devait porter le coup.

— Et le sort ?

— Tomba sur moi, Monseigneur.

— Comment n'avez-vous pas récusé cette mission ?

— Le scrutin était secret, nul ne connaissait mon vote, on m'eût pris pour un lâche.

— Et vous êtes venu à Paris ?

— Dans le but qui m'est imposé.

— Comptant sur moi?

— Comme sur un ennemi du régent, pour m'aider à accomplir une entreprise qui non-seulement touche si profondément aux intérêts de l'Espagne, mais encore qui sauve nos amis de la Bastille.

— Courent-ils de si grands dangers que vous le croyez?

— La mort plane au-dessus d'eux; le régent a des preuves et il a dit de M. de Richelieu, qu'eût-il quatre têtes, il avait entre les mains de quoi les lui faire couper.

— Il a dit cela dans un moment de colère.

— Comment, Monseigneur, c'est vous qui défendez le duc, c'est vous qui tremblez quand un homme se dévoue pour le salut non-seulement de ses complices, mais encore de deux royaumes, c'est vous qui hésitez à accepter le dévouement.

— Si vous échouez dans cette entreprise ?

— Toute chose a son bon et son mauvais côté, Monseigneur, quand on n'a pas le bonheur d'être le sauveur de son pays, reste l'honneur d'être le martyr de sa cause.

— Mais faites-y attention, en vous facilitant les moyens d'arriver jusqu'au régent, je deviens votre complice.

— Et cela vous effraie, Monseigneur ?

— Sans doute, car vous arrêté...

— Eh bien ! moi arrêté ?

— On peut, à force de tortures, vous arracher les noms de ceux...

Gaston interrompit le prince avec un geste et un sourire de suprême dédain :

— Vous êtes étranger, Monseigneur, lui dit-il, et vous êtes Espagnol, vous ne pouvez par conséquent savoir ce que c'est qu'un gentilhomme français ; je vous pardonne donc votre injure.

— Alors, on peut donc compter sur votre silence ?

— Pontcalec, Ducouëdic, Talhouët et Montlouis en ont douté un seul instant et depuis ils m'en ont fait leurs excuses.

— C'est bien, Monsieur, reprit le régent, je songerai gravement, je vous le promets, à ce que vous venez de me dire, mais cependant à votre place...

— A ma place ?

— Je renoncerais à cette entreprise.

— Je voudrais pour beaucoup n'y être point entré, Monseigneur, je l'avoue, car depuis que j'y suis entré, un grand changement s'est fait dans ma vie. Mais j'y suis, il faut qu'elle s'accomplisse.

— Même quand je refuserais de vous seconder? dit le régent.

— Le comité breton a prévu ce cas, dit Gaston en souriant.

— Et il a décidé?...

— Que l'on passerait outre.

— Ainsi votre résolution?

— Est irrévocable, Monseigneur.

— J'ai dit ce que je devais vous dire, reprit le régent, maintenant, puisque vous le voulez à toute force, poursuivez donc votre entreprise.

— Monseigneur, dit Gaston, vous paraissez vouloir vous retirer.

— Avez-vous encore quelque chose à me dire?

—Aujourd'hui, non, mais demain, après-demain.

— N'avez-vous pas l'intermédiaire du capitaine ? en me faisant prévenir par lui, je vous recevrai quand il vous plaira.

— Monseigneur, dit Gaston avec un accent de fermeté merveilleusement assorti avec sa pose noble et digne, parlons franc, pas d'intermédiaire semblable à celui-là. Votre Excellence et moi, si fort séparés que nous nous trouvions par le rang et le mérite, sommes égaux du moins devant l'échafaud qui nous menace. L'avantage sur ce point est même à moi, car il est évident que je cours plus de dangers que vous; cependant vous êtes maintenant, Monseigneur, un conspirateur comme M. le chevalier de Chanley, avec cette différence que vous avez le droit, étant le chef, de voir tomber sa tête avant la vôtre, qu'il me soit donc permis de traiter d'égal à égal avec votre Excellence et de la voir quand j'aurai besoin d'elle.

Le régent réfléchit un instant.

— Fort bien, dit-il, cette maison n'est pas ma demeure ; vous comprenez, je reçois peu chez moi depuis que la guerre est imminente ; ma position est précaire et délicate en France. Cellamarre est emprisonné à Blois ; je ne suis qu'une espèce de consul, bon à protéger mes nationaux et bon aussi à servir d'ôtage, je ne saurais donc user de trop de précautions.

Le régent mentait avec effort, il cherchait la fin de chacune de ses phrases.

— Écrivez donc poste-restante, à cette adresse, à M. André. Vous ajouterez l'heure à laquelle vous voulez me parler et je me trouverai ici.

— A la poste? reprit Gaston.

— Oui, vous comprenez, c'est un délai de trois heures. Voilà tout, pas davantage. A chaque levée, un homme à moi guette votre lettre et me l'apporte, s'il s'en trouve une; trois heures après vous vous présentez ici, et tout est dit.

— Votre Excellence en parle bien à son aise, dit en riant Gaston, mais je ne sais pas même où je suis, je ne connais pas la rue, je ne sais pas le numéro de la maison, je suis venu de nuit, comment voulez-vous que je me retrouve? Tenez, Monseigneur, faisons mieux que cela, vous m'avez demandé quelques heures pour réfléchir, prenez jusqu'à demain matin et demain à onze heures envoyez-moi chercher. Il faut que nous arrêtions bien fermement notre plan d'avance, afin que notre plan ne manque pas, comme ceux de ces conspirateurs de carrefour dont une voiture mise en travers ou une pluie qui tombe dérangent les poignards ou éteint la poudre.

— Eh bien! cela est pensé à merveille, dit le régent; demain donc, M. de Chanley, ici vers onze heures, on ira vous prendre chez vous et nous n'aurons plus, dès lors, de secrets l'un pour l'autre.

— Votre Excellence daigne-t-elle agréer

mes respects? dit Gaston en s'inclinant.

— Adieu, Monsieur, fit le régent en lui rendant son salut.

Le régent congédia Gaston qui retrouva dans l'antichambre le guide qui l'avait amené. Le chevalier remarqua seulement qu'au retour, il lui fallait traverser un jardin qu'il n'avait pas vu en venant et qu'il sortait par une autre porte que celle par laquelle il était entré.

A cette autre porte la même voiture attendait, il y monta aussitôt et à peine y eût-il pris sa place, qu'elle roula rapidement vers la rue des Bourdonnais.

XI

La petite Maison.

Ce n'était plus une illusion pour le chevalier. Un jour encore, deux peut-être, il allait falloir se mettre à l'œuvre, et quelle œuvre!

L'envoyé espagnol avait produit une profonde impression sur Gaston; il y avait en lui un air de grandeur qui étonnait celui-là. Gaston en était sûr, c'était bien un gentilhomme.

Puis une réminiscence étrange lui passait par l'esprit; il y avait entre ce front sévère et ces yeux étincelants, et le front pur et les doux yeux d'Hélène, une de ces ressemblances vagues et lointaines qui donnent à la pensée qui s'arrête sur elle l'incohérence d'un songe. Gaston, sans s'en rendre compte, assimilait ces deux figures dans son souvenir, et malgré lui, ne pouvait les séparer.

Au moment où il allait se coucher, fatigué des émotions du jour, le pas d'un cheval retentit dans la rue; la porte de l'hôtel du Muids d'Amour s'ouvrit, et Gaston, de son rez-de-chaussée, crut entendre un colloque animé; mais bientôt la porte se referma, le bruit s'évanouit, et Gaston s'endormit, comme on s'endort à vingt-cinq ans, lors même qu'on est amoureux et conspirateur.

Cependant, Gaston ne s'était pas trompé : le cheval entendu avait bien réellement piétiné et henni; le colloque avait eu lieu, sa porte s'était ouverte et refermée. Celui qui arrivait à cette heure était un bon paysan de Rambouillet à qui une jeune et jolie femme avait donné deux louis pour porter un billet en toute hâte à M. le chevalier Gaston de Chanley, rue des Bourdonnais, à l'hôtel du Muids d'Amour.

La jeune et jolie femme, nous la connaissons.

Tapin prit la lettre, la retourna, la flaira, puis, dénouant le tablier blanc serré autour de sa taille d'hôtelier, il remit la garde de l'hôtel du Muids d'Amour à son premier cuisinier qui était un drôle fort intelligent, et courut avec la vitesse de ses deux longues jambes chez Dubois qui rentrait aussi de la maison de la rue du Bac.

—Oh! oh! dit Dubois, une lettre! voyons cela.

Il décacheta comme un habile escamoteur, à l'aide d'une vapeur bouillante, l'épître qu'on venait de lui remettre, et en lisant le billet, puis la signature, il éclata dans une joie immodérée.

— Bon, excellent, dit-il, et voilà qui marche à merveille. Laissons aller les enfants, ils vont grand train, mais nous tenons la bride, et ils n'iront que tant que nous voudrons.

Puis, se tournant vers le messager, après avoir artistement recacheté l'épître.

— Tiens, dit-il, rends cette lettre.

— Quand cela? demanda Tapin.

— Tout de suite, dit Dubois.

Tapin fit un pas vers la porte.

— Non pas ; je réfléchis reprit Dubois, demain matin, ce sera assez tôt.

— Maintenant, dit Tapin, en sautant une seconde fois au moment de sortir, m'est-il permis de faire à Monseigneur une observation toute personnelle.

— Parle drôle.

— Comme agent de Monseigneur, je gagne trois écus par jour.

— N'est-ce point assez, marouffle?

— C'est assez comme agent, et je ne me plains pas ; mais en vérité, Dieu! ce n'est pas assez comme marchand de vins, oh! le sot métier.

— Bois pour te distraire, animal.

— Depuis que j'en vends, je déteste le vin.

— Parce que tu vois comment on le fait ; mais bois du champagne, bois du muscat, bois du vin de raisin, s'il en existe, c'est Bourguignon qui paie ; à propos, il a eu une vraie attaque, ainsi ton mensonge n'est qu'une affaire de chronologie.

— Vraiment, Monseigneur.

— Oui, la peur que tu lui as faite, en est la cause, tu voulais hériter de son fonds, pendard.

— Non ma foi, Monseigneur, le métier est trop peu divertissant.

— Eh bien! j'ajoute trois écus par jour à ta solde tant que tu le rempliras, et après je te donne la boutique pour doter ta fille aînée, va, et apporte-moi souvent des lettres pareilles, tu seras le bien venu.

Tapin revint à l'hôtel du Muids d'Amour, du même pas qu'il avait été au Palais-Royal, et comme la chose lui était recommandée, il attendit au lendemain pour remettre la lettre.

A six heures Gaston était sur pied, il faut rendre cette justice à maître Tapin, aussitôt qu'il entendit du bruit dans la chambre, il entra et remit la lettre à celui à qui elle était adressée.

En reconnaissant l'écriture, Gaston rougit et pâlit à la fois, mais à mesure qu'il lut, ce fut sa pâleur qui augmenta.

Tapin faisait mine de ranger et le regardait du coin de l'œil, en effet la nouvelle était sérieuse, voici ce que contenait la lettre.

« Mon ami, je reviens à votre avis et peut-
« être aviez-vous raison; en tout cas, j'ai
« peur : une voiture vient d'arriver, ma-
« dame Desroches commande le départ,
« j'ai voulu résister, on m'a enfermée
« dans ma chambre, par bonheur, un

« paysan passe pour faire abreuver son
« cheval, je lui remets deux louis et il
« promet de porter ce billet chez vous.
« J'entends faire les derniers préparatifs,
« dans deux heures nous partirons pour
« Paris.

« Une fois arrivée, je vous ferai tenir
« ma nouvelle adresse; dussé-je, si l'on
« me résiste, sauter par une fenêtre.

« Soyez tranquille, la femme qui vous
« aime se gardera digne d'elle et de vous.

— Ah ! c'est cela, s'écria Gaston en achevant la lettre, Hélène, je ne m'étais pas trompée; huit heures du soir, mon

Dieu! mais elle est partie, mais elle est même arrivée. Monsieur Bourguignon, pourquoi ne m'a-t-on pas apporté cette lettre tout de suite.

— Son Excellence dormait, et l'on a attendu qu'elle se réveillât, répondit Tapin avec la plus exquise politesse.

Il n'y avait rien à répondre à un homme qui savait si bien vivre, d'ailleurs Gaston réfléchit qu'en s'emportant, il risquait de révéler son secret, il contint donc sa colère : seulement une idée lui vint, il voulut alors guetter à la barrière l'entrée d'Hélène qui pouvait n'être point encore arrivée à Paris, il s'habilla donc promptement, accrocha son épée et partit après avoir dit à Tapin.

— Au cas où monsieur le capitaine La Jonquière viendrait pour me chercher, dites-lui que je serai de retour à neuf heures.

Gaston arriva tout en sueur à la barrière, il n'avait rencontré aucun fiacre et avait fait la course à pied.

Pendant qu'il attend inutilement Hélène, qui était entrée à Paris à deux heures du matin, — jetons un coup-d'œil en arrière.

Nous avons vu le régent recevant la lettre de madame Desroches, et renvoyant la réponse par le même messager; en effet il était urgent de prendre de promptes mesures, et de soustraire Hélène aux tentatives de ce M. de Livry.

Mais que pouvait être ce jeune homme? Dubois seul saurait le lui dire; aussi, quand Dubois reparut pour accompagner vers les cinq heures du soir son Altesse royale à la rue du Bac.

—Dubois, dit le régent, qu'est-ce qu'est M. de Livry de Nantes.

Dubois se gratta le nez, car il voyait venir le régent.

— Livry, dit-il, Livry, attendez donc.

— Oui, Livry.

— C'est quelque matignon, enté sur de la province.

— Bon, ceci n'est pas une explication, l'Abbé, c'est tout au plus une hypothèse.

— Et qui connaît cela, Livry? ce n'est pas un nom. Faites venir monsieur d'Hozier.

— Imbécile !

— Mais Monseigneur, reprit Dubois, je

ne m'occupe pas de généalogie moi, je suis roturier indigne.

— C'est bien assez de niaiseries comme cela.

— Diable! Monseigneur ne plaisante pas sur les Livry à ce qu'il paraît, est-ce qu'il s'agirait de donner l'ordre à quelqu'un de la famille ; en ce cas, c'est autre chose, et je vais tâcher de vous trouver une belle origine.

— Va-t-en au diable! et en y allant envoie-moi Nocé.

Dubois fit son sourire le plus agréable et sortit.

Dix minutes après, la porte s'ouvrit et Nocé parut.

C'était un homme de quarante ans, d'ailleurs extrêmement distingué, grand, beau, froid, sec, spirituel et railleur; un des compagnons, au reste les plus fidèles et les plus aimés du régent.

— Monseigneur m'a fait demander, dit-il.

— Ah! c'est toi Nocé! bonjour.

— Tous mes hommages à Monseigneur, reprit Nocé, en s'inclinant. Puis-je être bon à quelque chose à son Altesse royale?

— Oui, prête-moi ta maison du faubourg Saint-Antoine, mais bien vide, bien propre ; j'y mettrai des gens à moi, surtout pas trop galante, entends-tu ?

— Pour une prude, Monseigneur ?

— Oui, Nocé, pour une prude.

— Alors que ne louez-vous une maison en ville, Monseigneur ? Les maisons du faubourg ont une atroce réputation, je vous en préviens.

— La personne que j'y veux mettre ne connaît pas même ces réputations-là, Nocé.

— Peste ! recevez-en mes compliments, bien sincères, Monseigneur.

— Mais silence, n'est-ce pas, Nocé ?

— Absolu.

— Ni fleurs, ni emblêmes ; fais-moi décrocher toutes les peintures un peu trop agréables. Les trumeaux et les panneaux comment sont-ils ?

— Les trumeaux et les panneaux peuvent rester, Monseigneur, c'est très décent.

— Vrai ?

— Oui vrai, c'est du Maintenon tout pur.

— Laissons donc les panneaux, mais tu m'en réponds ?

— Monseigneur, je ne voudrais pas cependant prendre une pareille responsabilité, je ne suis pas une prude, moi ; et peut-être serait-il plus prudent de tout faire gratter.

— Bah ! pour un jour Nocé, ce n'est pas la peine, quelques Mythologies, n'est-ce pas ?

— Heu ! fit Nocé.

— D'ailleurs, cela nous prendrait du temps, et à peine ai-je quelques heures. Donne-moi les clés tout de suite.

— Le temps de retourner chez moi, et dans un quart d'heure votre Altesse royale les aura.

— Adieu, Nocé. Ta main, pas de guet,

pas de curiosité, je te le recommande, je t'en prie.

— Monseigneur, je pars pour la chasse, et ne reviendrai que lorsque votre Altesse royale me rappellera.

— Tu es un digne compagnon. Adieu, à demain.

Sûr maintenant d'avoir une maison convenable où la faire descendre, le régent écrivit aussitôt une seconde lettre à la Desroches, et lui envoya une berline avec ordre de ramener Hélène, après lui avoir lu, sans la lui montrer, la lettre qu'il venait d'écrire.

Voici ce que contenait cette lettre.

« Ma fille, j'ai réfléchi et veux vous avoir
« près de moi. Faites-moi le plaisir de sui-
« vre madame Desroches sans perdre une
« seconde ; à votre arrivée à Paris vous re-
« cevrez de mes nouvelles.

« Votre père affectionné. »

Hélène, à la lecture de cette lettre communiquée par madame Desroches, résista, pria, pleura, mais, cette fois, tout fut inutile, et force lui fut d'obéir. Ce fut alors qu'elle profita d'un moment de solitude pour écrire à Gaston la lettre que nous avons lue, et pour la faire porter par le paysan à cheval. Puis elle partit, laissant encore une fois avec douleur cette habitation qui lui était chère, parce qu'elle avait cru y retrouver un père, et qu'elle y avait reçu son amant.

Quant à Gaston, il s'était, comme nous l'avons dit, aussitôt la lettre reçue, empressé de courir à la barrière; il faisait petit jour quand il y arriva. Plusieurs voitures passèrent, mais aucune ne renfermait Hélène. Peu à peu, le froid devenait plus vif et l'espoir s'en allait du cœur du jeune homme; il reprit le chemin de l'hôtel, n'ayant plus d'autre chance que de trouver une lettre à son retour. Comme il traversait le jardin des Tuileries, huit heures sonnaient. Au même moment, Dubois entrait dans la chambre à coucher du régent, un portefeuille sous le bras, et la mine triomphante.

XII

L'Artiste et le Politique.

— Ah! c'est toi Dubois, dit le régent en apercevant son ministre.

— Oui, Monseigneur, répondit Dubois en tirant des papiers de son portefeuille, eh bien! nos Bretons sont-ils toujours gentils.

— Qu'est-ce que ces papiers, dit le régent, qui malgré sa conversation de la veille, et peut-être à cause de cette conversation se sentait une sympathie secrète pour Chanlay.

— Oh! rien du tout, dit Dubois, d'abord, un petit procès-verbal de ce qui s'est passé hier soir, entre M. le chevalier de Chanlay et son excellence M. le duc d'Olivarès.

— Tu as donc écouté, demanda le régent.

— Pardieu! Monseigneur, et que vouliez-vous donc que je fisse.

— Et tu as entendu....

— Tout. Eh bien! Monseigneur, que pensez-vous des prétentions de Sa Majesté catholique.

— Je pense qu'on dispose d'elle sans sa participation peut-être.

— Et le cardinal Alberoni, tudieu! Monseigneur, comme ce gaillard-là vous manipule l'Europe, le prétendant en Angleterre; la Prusse, la Suède et la Russie déchirant la Hollande à belles dents. L'Empire reprenant Naples et la Sicile, le grand duché de Toscane au fils de Philippe V; la Sardaigne au duc de Savoie, Commachio au pape; la France à l'Espagne. Eh bien, mais voilà un plan qui ne manque pas d'un certain grandiose pour être sorti du cerveau d'un sonneur de cloches.

— Fumée, que tous ces projets reprit le duc, rêveries que tous ces plans.

— Et notre comité breton, demanda Dubois, est-ce aussi une fumée.

— Je suis forcé de l'avouer, il existe réellement.

— Et le poignard de notre conspirateur, est-ce aussi une rêverie?

— Non, je dois même dire qu'il m'a paru assez vigoureusement emmanché.

— Peste! Monseigneur, vous vous plaigniez dans l'autre conspiration de ne trouver que des conspirateurs à l'eau de rose; eh bien, mais il me semble que pour cette fois vous êtes servi à votre guise, ceux-ci n'y vont pas de main-morte.

— Sais-tu, dit le régent tout pensif, que c'est une vigoureuse nature que celle de ce chevalier de Chanlay.

— Ah bon! il ne vous manquerait plus que de vous prendre d'une belle admiration pour ce gaillard-là! Ah! je vous connais, Monseigneur, vous en êtes capable.

— Pourquoi donc est-ce toujours parmi ses ennemis et jamais parmi ses serviteurs, qu'un prince rencontre des âmes de cette trempe.

— Ah ! Monseigneur, parce que la haine est une passion et que le dévouement n'est souvent qu'une bassesse ; mais si Monseigneur veut quitter maintenant les hauteurs de la philosophie, pour redescendre à un simple travail matériel qui consiste à me donner deux signatures.

— Lesquelles, demanda le régent.

— D'abord, un capitaine qu'il faut faire major.

— Le capitaine La Jonquière.

— Oh ! non, celui-là est un drôle que nous ferons pendre en effigie aussitôt que nous n'en aurons plus besoin, mais en attendant, Monseigneur, il faut le ménager.

— Et qui est ce capitaine.

— Un brave officier que Monseigneur a rencontré il y a huit jours, ou plutôt il y huit nuits dans une rue honnête, maison de la rue Saint-Honoré.

— Que veux-tu dire.

— Je vois bien qu'il faut que j'aide aux souvenirs de Monseigneur, Monseigneur a si peu de mémoire.

— Voyons, parle, drôle; avec toi, on ne peut jamais arriver au fait.

— Le voici en deux mots, Monseigneur est sorti il y a huit nuits comme nous disions, déguisé en mousquetaire, par la petite porte de la rue de Richelieu, accompagné de Nocé et de Simiane.

— Oui, c'est vrai, et que s'est-il passé rue Saint-Honoré. Voyons!

— Vous voulez le savoir, Monseigneur.

— Oui, cela me ferait plaisir.

— Je n'ai rien à refuser à votre Altesse.

— Parle donc, alors.

— Monseigneur le régent soupait dans

cette maison de la rue Saint-Honoré.

— Toujours avec Nocé et Simiane?

— Non, en tête-à-tête, Monseigneur, Nocé et Simiane soupaient aussi, mais chacun de son côté.

— Continue.

— Monseigneur, le régent soupait donc et l'on en était au dessert, lorsqu'un brave officier qui se trompait de porte probablement, frappa si obstinément à la sienne, que Monseigneur, impatienté, sortit et rudoya quelque peu l'importun qui venait si intempestivement le déranger ; l'importun qui était peu endurant de sa nature, à ce qu'il paraît, met l'épée à la main, sur quoi Monseigneur, qui n'y regarde jamais à deux fois pour faire une folie, tira galamment sa rapière, et prêta le collet à l'officier.

— Et le résultat de ce duel, demanda le régent.

— Fut que Monseigneur attrapa à l'épaule une égratignure, en échange de laquelle il fournit à son adversaire un fort joli coup d'épée qui lui traversa la poitrine.

— Mais ce coup d'épée n'est pas dangereux je l'espère, demanda avec intérêt le régent.

— Non, heureusement le fer a glissé le long des côtes.

— Oh! tant mieux.

— Mais ce n'est pas le tout.

— Comment?

— Il paraît que Monseigneur en voulait particulièrement à cet officier.

— Moi! je ne l'avais jamais vu.

— Or, comme les princes ont besoin de voir les gens pour leur faire du mal, ils frappent à distance, eux.

— Que veux-tu dire, voyons, achève.

— Je veux dire que je me suis informé et que cet officier était déjà capitaine depuis huit ans, lorsqu'à l'avènement au pouvoir de votre Altesse, il a été destitué.

— S'il a été destitué, c'est qu'il méritait de l'être.

— Ah! tenez, Monseigneur, voilà une idée, c'est de nous faire reconnaître comme infaillibles par le pape.

— Il aura commis quelque lâcheté.

— C'était un des plus braves soldats de l'armée.

— Quelqu'action indigne alors.

— C'était le plus honnête homme de la terre.

— Alors c'est une injustice à réparer.

— A merveille, et voilà pourquoi j'avais préparé ce brevet de major.

— Donne, Dubois, donne, tu as du bon parfois.

Un sourire diabolique rida la face de Dubois qui, justement en ce moment, tirait de son portefeuille un second papier.

Le régent le suivit des yeux avec inquiétude.

— Qu'est-ce que ce second papier? demanda-t-il.

— Monseigneur, répondit Dubois, après une injustice réparée, c'est une justice à faire.

— L'ordre d'arrêter le chevalier Gaston de Chanlay et de le conduire à la Bastille, s'écria le régent. Ah! drôle, je comprends maintenant pourquoi tu m'alléchais avec une bonne action. Mais un instant, dit le duc, ceci demande réflexion.

— Monseigneur pense-t-il que je lui propose un abus de pouvoir? demanda en riant Dubois.

— Non, mais cependant...

— Monseigneur, continua Dubois en s'animant, quand on a entre les mains le gouvernement d'un royaume, il faut avant toutes choses gouverner.

— Mais il me semble cependant, monsieur le cuistre, que je suis bien le maître.

— De récompenser, oui, mais à la condition de punir ; l'équilibre de la justice est faussé, Monseigneur, quand une éternelle et aveugle miséricorde pèse dans un des bassins de la balance. Agir comme vous voulez toujours le faire et comme souvent vous le faites, ce n'est pas être bon, c'est être faible. Voyons dites, Monseigneur, quelle sera la récompense de ceux qui ont mérité, si vous ne punissez pas ceux qui ont failli.

— Alors, dit le régent avec d'autant plus d'impatience qu'il se sentait défendre une noble mais mauvaise cause. Si tu voulais que je fusse sévère, il ne fallait pas provoquer une entrevue entre moi et ce jeune homme, il ne fallait pas me mettre à même de l'apprécier à sa valeur, il fallait me laisser croire que c'était un conspirateur vulgaire.

— Oui, et maintenant parce qu'il s'est présenté à votre Altesse sous une enveloppe romanesque, voilà votre imagination d'artiste qui bat la campagne. Que diable! Monseigneur, il y a temps pour tout, faites de la chimie avec Humbert, faites de la gravure avec Audran, faites de la musique avec La Fare, faites l'amour, avec le monde entier, mais avec moi faites de la politique.

— Eh! mon Dieu, s'écria le régent, ma vie espionnée, torturée, calomniée comme elle l'est, vaut-elle donc la peine que je la défende ?

— Mais ce n'est pas votre vie que vous défendez, Monseigneur : au milieu de toutes les calomnies qui vous poursuivent et contre lesquelles, Dieu merci! vous devriez être cuirassé maintenant, l'accusation de lâcheté est la seule que vos plus cruels ennemis n'ont pas même tenté de jeter sur vous. Votre vie!.... A Steinkerque, à Nerwinde et à Lérida vous avez prouvé le cas que vous en faisiez ; votre vie, pardieu ! si vous étiez un simple particulier, un ministre ou même un prince du sang et qu'un assassinat vous la reprît, ce serait le cœur d'un homme qui cesserait de battre et voilà tout, mais à tort ou à raison vous avez voulu occuper votre place parmi les puissants du monde. A cet effet, vous avez brisé le testament de Louis XIV, vous avez chassé les bâtards du trône, où déjà ils avaient mis le pied, vous vous êtes fait régent de France enfin, c'est-à-dire la clé de voûte du monde ; vous tué, ce n'est plus un homme qui tombe, c'est le pilier qui soutenait l'édifice européen qui s'écroule, alors l'œuvre laborieuse de nos quatre années de veilles et de luttes est détruite! tout s'ébranle autour de nous. Jetez les yeux sur l'Angleterre : le chevalier de Saint-Georges va y renouveler les folles entreprises du prétendant; jetez les yeux sur la Hollande : la Prusse, la Suède et la Russie en font une vaste curée ; jetez les yeux sur l'Autriche : son aigle à deux têtes tire à elle Venise et Milan pour s'indemniser de la perte de l'Espagne. Jetez les yeux sur la France, et la France n'est plus la France, mais la vassale de Philippe V. Enfin, jetez les yeux sur Louis XV, c'est-à-dire sur le dernier rejeton ou plutôt sur le dernier débris du plus grand règne qui ait illuminé le monde, et l'enfant qu'à force de surveillance et de soins nous avons arraché au sort de son père, de sa mère et de ses oncles, pour le faire asseoir sain et sauf sur le trône de ses ancêtres. Cet enfant retombe aux mains de ceux qu'une loi adultère appelle effrontément à lui succéder; ainsi, de tous côtés, meurtre, désolation, ruine et incendie, guerre civile et guerre étrangère, et pourquoi cela? parce qu'il plaît à monseigneur Philippe d'Orléans de se croire toujours major de la maison du roi ou commandant de l'armée d'Espagne, et d'oublier qu'il a cessé d'être tout cela le jour où il est devenu régent de France.

— Tu le veux donc, s'écria le régent, en prenant une plume.

— Un instant, Monseigneur, dit Dubois, il ne sera pas dit que dans une affaire de cette importance, vous aurez cédé à mes obsessions, j'ai dit ce que j'avais à dire, maintenant, je vous laisse seul, faites ce que vous voudrez, je vous laisse ce papier, j'ai quelques ordres à donner de mon côté ; dans un quart-d'heure, je reviendrai le prendre.

Et Dubois à la hauteur cette fois de la situation où il se trouvait, salua le régent et sortit.

Resté seul, le duc tomba dans une profonde rêverie, toute cette affaire si sombre et si tenace, ce tronçon effrayant du serpent terrassé déjà dans la conspiration précédente, se dressait dans l'esprit du duc avec une foule de noires visions ; il avait bravé le feu dans les batailles, il avait ri des enlèvements médités par les Espagnols et les bâtards de Louis XIV, mais cette fois, une secrète horreur l'étreignait sans qu'il put s'en rendre compte. Il se sentait épris d'une admiration involontaire pour ce jeune homme dont le poignard était levé sur sa poitrine, il le haïssait dans certains moments, il l'excusait, il l'aimait presque dans d'autres. Dubois, accroupi sur cette conspiration comme un singe infernal sur une proie agonisante, et fouillant de ses ongles actifs jusqu'au cœur du complot, lui paraissait armé d'une volonté et d'une intelligence sublimes. Lui, si courageux d'ordinaire, il sentait qu'en cette circonstance il eût mal défendu sa vie, il tenait la plume à la main, l'ordre était là sous ses yeux et l'attirait,

— Oui, murmura-t-il, Dubois a raison, il a dit vrai, et ma vie qu'à chaque heure je joue sur un coup de dé, a cessé de m'appartenir. Hier encore, ma mère me disait ce qu'il vient de me dire aujourd'hui. Qui sait ce qui arriverait du monde entier si j'allais mourir. Ce qui est arrivé à la mort de mon aïeul Henri IV, pardieu! Après avoir reconquis pied à pied son royaume, il allait, grâce à dix ans de paix, d'économie et de popularité, ajouter à la France l'Alsace, la Lorraine et les Flandres peut-être, tandis que descendant les Alpes, le duc de Savoie, devenu son gendre, allait se tailler un royaume dans le Milanais, et des rognures de ce royaume enrichir la république de Venise et fortifier les ducs de Modène, de Florence et de Mantoue : dèslors la France se trouvait à la tête du mouvement européen, tout était prêt pour cet immense résultat, couvé pendant toute la vie d'un roi législateur et soldat. Ce fut alors que le 15 mai arriva, qu'une voiture à la livrée royale passa rue de la Féronnerie, et que trois heures sonnèrent à l'horloge des Innocents !.... En une seconde, tout fût détruit, prospérité passée, espérances à venir, il fallut un siècle tout entier, un ministre qui s'appelât Richelieu, et un roi qui s'appelât Louis XIV., pour cicatriser au flanc de la France la blessure qu'y avait faite le couteau de Ravaillac; oui, oui, Dubois a raison, s'écria le duc en s'animant, je dois abandonner ce jeune homme à la justice humaine : d'ailleurs, ce n'est pas moi qui le condamne, les juges sont-là, ils décideront ; et puis, ajouta-t-il en souriant, n'ai-je pas toujours mon droit de grâce ?

Et rassuré intérieurement par cette prérogative royale qu'il exerçait au nom de Louis XV, il signa vivement, et sonnant son valet de chambre, il passa dans un autre appartement pour achever sa toilette.

Dix minutes après qu'il fut sorti de la chambre où cette scène venait de se passer, la porte se rouvrit doucement, Dubois y passa lentement et avec précaution sa tête de fouine, s'assura que la chambre était déserte, s'approcha doucement de la table devant laquelle était assis le prince, jeta un coup-d'œil rapide sur l'ordre, sourit d'un sourire de triomphe en voyant que le régent avait signé, le plia lentement en quatre, le mit dans sa poche et sortit à son tour avec un air de profonde satisfaction.

XIII

Le sang se révèle.

Lorsque Gaston, de retour de la barrière de la Conférence, rentra dans sa chambre de la rue des Bourdonnais, il vit La Jonquière installé près du poêle, et dègustant une bouieille de vin d'Alicante qu'il venait de décoiffer.

— Eh bien ! chevalier, dit-il en apercevant Gaston, comment trouvez-vous ma chambre, hein? Elle est assez commode, n'est-ce pas? Asseyez-vous donc et goûtez de ce vin, il vaut les meilleurs de Rousseau. Avez-vous connu Rousseau, vous? Non, vous êtes de province, et l'on ne boit pas de vin en Bretagne, on y boit du cidre, de la piquette, de la bière, je crois. Je n'ai pu y boire que de l'eau-de-vie, moi, c'est tout ce que j'ai pu y trouver.

Gaston ne répondit rien, car Gaston n'avait pas même écouté ce que lui disait La Jonquière, tant il était préoccupé d'une seule idée. Il se laissa tomber tout effaré sur une chaise en froissant dans la poche de son habit la première lettre d'Hélène.

— Où est-elle ? se demandait-il. Ce Paris immense, illimité, va peut-être me la garder éternellement. Oh! c'est trop de difficultés à la fois pour un homme qui n'a ni le pouvoir, ni l'expérience.

— A propos, dit La Jonquière, qui avait suivi dans le cœur du jeune homme ses idées aussi facilement que si le corps qui l'enveloppait eût été de verre, à propos, chevalier, il y a ici une lettre pour vous.

— De Bretagne? demanda en tremblant le chevalier.

— Non pas, de Paris, d'une charmante petite écriture qui m'a tout l'air d'une écriture de femme, mauvais sujet.

— Où est-elle ? s'écria Gaston.

— Demandez cela à notre hôte. Quand je suis entré tout à l'heure, il la roulait entre ses doigts.

— Donnez, donnez, s'écria Gaston en s'élançant dans la chambre commune.

—Que désire monsieur le chevalier, demande Tapin avec sa politesse accoutumée.

— Mais cette lettre ?

— Quelle lettre ?

— La lettre que vous avec reçue pour moi.

— Ah! pardon, Monsieur; c'est vrai, et moi qui l'avais oubliée.

Et il tira la lettre de sa poche et la donna à Gaston.

— Pauvre imbécile, disait pendant ce temps-là le faux La Jonquière, et ces niais là se mêlent de conspirer! C'est comme ce d'Harmental, ils veulent faire à la fois de la politique et de l'amour. Triples sots, que ne vont-ils tout bonnement faire l'un chez la Fillon, ils n'iraient pas achever l'autre en Grève. Au reste, mieux vaut qu'ils soient ainsi pour nous, dont ils ne sont pas amoureux.

Gaston rentra tout joyeux, lisant, relisant, épelant la lettre d'Hélène.

« Rue du Faubourg-Saint-Antoine, une maison blanche, derrière des arbres, des peupliers, je crois, quant au numéro je n'ai pas pu le voir, mais c'est la trente-et-unième ou la trente-deuxième maison à gauche en entrant, après avoir laissé à droite un château flanqué de tours, qui ressemble à une prison.—Oh! s'écria Gaston, je le trouverai bien, ce château, c'est la Bastille. »

Il dit ces derniers mots de manière à ce que Dubois les entendît.

— Parbleu! je le crois bien que tu la trouveras, dit à part lui Dubois, quand je devrais t'y conduire moi-même.

Gaston regarda sa montre, il avait encore plus de deux heures à lui, avant son rendez-vous à la maison de la rue du Bac; il reprit son chapeau qu'il avait posé en entrant sur une chaise et s'apprêta à sortir.

— Eh bien! nous nous envolons donc? demanda Dubois.

— Une course indispensable.

— Et notre rendez-vous de onze heures.

— Il n'en est pas neuf encore, soyez tranquille, je serai de retour.

— Vous n'avez pas besoin de moi?

— Merci.

— Si vous prépariez quelque petit enlèvement, par hasard, je m'y entends assez bien et je pourrais vous aider.

— Merci, dit Gaston en rougissant malgré lui, il n'est pas question de cela.

Dubois sifflotta un air entre ses dents, en homme qui prend les réponses pour ce qu'elles valent.

— Vous retrouverai-je ici? demanda Gaston.

— Je ne sais, peut-être ai-je aussi à rassurer quelque jolie dame qui s'intéresse à ma personne, mais en tous cas, à l'heure dite, vous trouverez ici l'homme d'hier, avec la même voiture et le même cocher.

Gaston prit hâtivement congé de son compagnon. Au coin du cimetière des Innocents, il trouva un fiacre, monta dedans et se fit conduire rue Saint-Antoine.

A la vingtième maison, il descendit, ordonnant au cocher de le suivre, puis il s'avança, explorant tout le côté gauche de la rue, bientôt il se trouva en face d'un grand mur que surmontait la cime de hauts et touffus peupliers. Cette maison correspondait si bien au signalement que lui avait donné Hélène, qu'il ne douta plus que ce ne fut celle qui renfermait la jeune fille.

Mais là, la difficulté commençait ; il n'y avait à ces murailles aucune ouverture, il n'y avait à la porte ni marteau, ni sonnette. C'était chose inutile pour les gens du bel air qui avaient des coureurs galoppant devant eux, lesquels frappaient les portes qu'ils voulaient se faire ouvrir du pommeau d'argent de leurs cannes. Gaston se serait bien passé de coureur, et aurait bien frappé soit avec le pied, soit avec une pierre, mais il craignait que des ordres n'eussent été donnés, et qu'il ne fut consigné à la porte ; il ordonna donc au cocher de s'arrêter, et voulant prévenir, par un signal bien connu, Hélène qu'il était là, il longea une petite ruelle sur laquelle donnait le flanc de la maison, et se rapprochant le plus possible d'une fenêtre ouverte qui donnait sur le jardin, il porta ses mains à sa bouche et imita, avec toute la force qu'il pût lui donner, le cri du chat-huant.

Hélène tressaillit, elle reconnut ce cri qui retentit à une ou deux lieues de distance dans les genêts de la Bretagne, il lui sembla qu'elle était encore au couvent des Augustines de Clisson et que la barque montée par le chevalier et glissant sous l'effort silencieux de l'aviron, allait aborder au-dessous de sa fenêtre au milieu des roseaux et des nénuphars ; ce cri qui montait le long des murs et qui parvenait jusqu'à son oreille, lui annonçait la présence attendue de Gaston, aussi courut-elle aussitôt à la fenêtre : le jeune homme était-là.

Hélène et lui échangèrent un signe qui voulait dire d'une part: je vous attendais et de l'autre, me voilà! puis rentrant dans la chambre, elle agita une sonnette qu'elle tenait de la munificence de madame Desroches, laquelle la lui avait donnée sans doute pour un tout autre usage, avec tant de force que non seulement madame Desroches, mais encore la camérière et le valet de chambre accoururent précipitamment.

— Allez ouvrir la porte de la rue, dit impérieusement Hélène, il y a à cette porte quelqu'un que j'attends.

— Restez, dit madame Desroches, au valet de chambre, qui se préparait à obéir, je veux voir moi-même quelle est cette personne.

— Inutile, Madame, je sais qui elle est, et je vous ai déjà dit que je l'attendais.

— Mais cependant, si Mademoiselle ne devait pas la recevoir, reprit la duègne, essayant de tenir bon.

— Je ne suis plus au couvent, Madame, et ne suis pas encore en prison, répondit Hélène, je recevrai qui bon me semblera. .

— Mais au moins puis-je savoir quelle est cette personne?

— Je ne vois aucun inconvénient à celà, c'est la même personne que j'ai déjà reçue Rambouillet.

— Monsieur de Livry?

— Monsieur de Livry.

— J'ai reçu l'ordre positif de ne jamais laisser pénétrer ce jeune homme jusqu'à vous.

— Et moi je vous donne celui de me l'amener à l'instant-même.

— Mademoiselle, vous désobéissez à votre père, reprit la Desroches, moitié colère, moitié respectueuse.

— Mon père n'a rien à voir ici, et surtout par vos yeux, Madame.

— Cependant qui est maître de votre sort ?

— Moi ! moi seule, s'écria Hélène, se révoltant à l'aspect de cette domination qu'on voulait exercer sur elle.

— Mademoiselle, je vous jure cependant que monsieur votre père...

— Mon père m'approuvera s'il est mon père.

Ce mot lancé avec tout l'orgueil d'une impératrice, courba madame Desroches sous l'accent de domination qu'il renfermait; elle se retrancha dès-lors dans un silence et une immobilité qu'imitèrent les valets présents à cette scène.

— Eh bien! dit Hélène, j'ai ordonné d'ouvrir la porte, n'obéit-on pas quand je commande?

Personne ne bougea, on attendait les ordres de la gouvernante.

Hélène sourit dédaigneusement, et ne voulant pas commettre son autorité avec cette valetaille, elle fit de la main un geste si impérieux que madame Desroches démasqua la porte devant laquelle elle se trouvait et lui livra passage ; Hélène alors descendit, lente et digne, les escaliers, suivie de madame Desroches, pétrifiée de trouver une pareille volonté dans une jeune fille sortie depuis douze jours de son couvent.

—Mais c'est une reine, dit la femme de chambre en suivant madame Desroches; quant à moi, je sais bien que j'allais aller ouvrir la porte, si elle n'y était pas allée elle-même.

—Hélas! dit la vieille gouvernante, voilà comme elles sont toutes dans la famille.

— Vous avez donc connue la famille?

demanda la femme de chambre tout étonnée.

— Oui, dit madame Desroches, qui s'aperçut qu'elle avait été trop loin, oui, j'ai connu autrefois le marquis son père.

Pendant ce temps, Hélène était descendue les degrés du perron, avait traversé la cour et s'était fait ouvrir la porte d'autorité ; sur le seuil était Gaston.

— Venez, mon ami, lui dit Hélène.

Gaston la suivit, la porte se referma derrière eux, et ils entrèrent ensemble dans les appartements du rez-du-chaussée.

—Vous m'avez appelé, Hélène, et je suis accouru, lui dit le jeune homme; avez-vous quelque chose à craindre, quelque danger vous menace-t-il?

— Regardez autour de vous, lui dit Hélène, et jugez.

Les deux jeunes gens étaient dans l'appartement où nous avons introduit le lecteur, à la suite du régent et de Dubois, lorsque celui-ci voulut le rendre témoin de la mise hors de page de son fils. C'était un charmant boudoir, attenant à la salle à manger avec laquelle, on s'en souvient, il communiquait non-seulement par deux portes, mais encore par une ouverture cintrée toute masquée de fleurs des plus rares, des plus magnifiques, des plus parfumées; le petit boudoir était tendu de satin bleu, parsemé de roses au feuillage d'argent; les dessus de porte de Claude Audran, représentaient l'histoire de Vénus, divisée en quatre tableaux : sa naissance, où elle surgit nue au sommet d'une vague, ses amours avec Adonis, sa rivalité avec Psyché, qu'elle faisait battre de verges, et enfin, son réveil dans les bras de Mars sous les filets tendus par Vulcain. Les panneaux formaient d'autres épisodes de la même histoire, mais tous si suaves de contours, si voluptueux d'expression qu'il n'y avait pas à se tromper sur la destination de ce petit boudoir.

Les peintures que Nocé, dans l'innocence

de son âme, avait assuré au régent du pur Maintenon avaient suffi cependant à effaroucher la jeune fille.

— Gaston, dit-elle, aviez-vous donc raison, de me dire de me défier de cet homme qui se présentait à moi comme mon père? en vérité, j'ai plus peur encore ici qu'à Rambouillet.

Gaston examina toutes ces peintures l'une après l'autre, rougissant et pâlissant successivement à l'idée qu'il y avait un homme qui avait cru à la possibilité de surprendre les sens d'Hélène par de pareils moyens, puis, il passa dans la salle à manger, l'examina dans tous ses détails comme il avait examiné le boudoir, c'était la continuation des mêmes peintures érotiques et des mêmes intentions voluptueuses. Puis, de là, tous deux descendirent au jardin, tout peuplé de statues et de groupes qui semblaient des épisodes de marbre oubliés dans les tableaux du peintre. En rentrant ils passèrent devant madame Desroches qui ne les avait pas perdus de vue, qui leva les mains au ciel d'un air désespéré, et à qui il échappa de dire :

— Oh mon Dieu ! que pensera Monseigneur !

— Ces mots firent éclater l'orage longtemps contenu dans la poitrine de Gaston.

— Monseigneur ! s'écria-t-il, vous l'avez

entendu, Hélène; Monseigneur! Vous aviez raison de craindre, et votre chaste instinct vous avertissait du danger. Nous sommes ici dans la petite maison de quelqu'un de ces grands pervertis qui achètent le plaisir aux dépens de l'honneur. Jamais je n'ai vu ces demeures de perdition, Hélène; mais je les devine. Ces tableaux, ces statues, ces fresques, ce demi-jour mystérieux qui se glisse à peine dans les chambres; ces tours ménagés pour le service, afin que la présence des valets ne gêne pas les plaisirs du maître, voilà, croyez-moi, plus qu'il n'en faut pour me tout dire. Au nom du ciel, ne vous laissez pas tromper davantage, Hélène. J'avais raison de prévoir le danger à Rambouillet; ici, vous avez raison de le craindre.

— Mon Dieu! dit Hélène, et si cet homme allait venir; si, avec l'aide de ses valets, il allait nous retenir de force!

— Soyez tranquille, Hélène, dit Gaston; ne suis-je pas là!

— Oh! mon Dieu! mon Dieu! renoncer à cette douce idée d'un père, d'un protecteur, d'un ami!

— Hélas! et dans quel moment; lorsque vous allez être seule au monde, dit Gaston, livrant, sans y songer, une partie de son secret.

— Que dites-vous là, Gaston! et que signifient ces paroles sinistres?

— Rien... rien... reprit le jeune homme;

quelques mots sans suite qui me sont échappés et auxquels il ne faut attacher aucun sens.

— Gaston, vous me cachez quelque chose, quelque chose de terrible sans doute, puisque, au moment même où je perds mon père, vous parlez de m'abandonner.

— Oh! Hélène, je ne vous abandonnerai qu'avec la vie !

— Oh! c'est cela, reprit la jeune fille; vous courez péril de la vie et c'est en mourant que vous craignez de m'abandonner. Gaston, vous vous trahissez; vous n'êtes plus le Gaston d'autrefois. Me retrouver aujourd'hui vous a causé une joie contrainte; m'avoir perdue hier ne vous a pas fait une immense douleur; vous avez dans l'esprit des projets plus importants que ceux que vous avez dans le cœur. Il y a quelque chose en vous, orgueil ou ambition, qui l'emporte sur votre amour. Tenez, en ce moment même vous pâlissez! Gaston, qu'avez-vous? au nom du ciel! Vous me brisez le cœur par votre silence.

— Rien! rien, Hélène, je vous le jure. En effet, n'est-ce point assez pour me troubler de tout ce qui nous arrive, de vous trouver seule et sans défense dans cette maison perfide, et de ne savoir comment vous protéger! car sans doute cet homme est un homme puissant. En Bretagne, j'aurais des amis et deux cents paysans pour me défendre ; ici, je n'ai personne.

— N'est-ce que cela, Gaston?

— C'est trop, ce me semble.

— Non, Gaston, car à l'instant même nous quitterons cette maison.

Gaston pâlit; Hélène baissa les yeux, et laissant tomber sa main entre les mains froides et humides de son amant :

— Devant tous ces gens qui nous regardent, dit-elle, sous les yeux de cette femme vendue, qui ne peut comploter contre moi qu'une trahison, Gaston, nous allons sortir ensemble.

Les yeux de Gaston lancèrent un éclair

de joie; puis à l'instant même une sombre pensée les voila comme un nuage.

Hélène suivit sur le visage de son amant cette double expression.

— Ne suis-je pas votre femme, Gaston! dit-elle; mon honneur n'est-il point le vôtre? Partons!

— Mais que faire, dit Gaston, où vous loger!

— Gaston, répondit Hélène; je ne sais rien, je ne puis rien : j'ignore Paris, j'ignore le monde, je ne connais que moi et vous. Eh bien! vous m'avez ouvert les yeux : j'ai défiance de tout et de tous, excepté de votre loyauté et de votre amour.

Le cœur de Gaston se brisait : six mois auparavant il eût payé de sa vie le généreux dévouement de la courageuse jeune fille.

— Hélène, réfléchissez, dit Gaston. Si nous nous trompions, si cet homme était véritablement votre père...

— Gaston, c'est vous qui m'avez appris à me défier de ce père ; vous l'oubliez.

— Oh! oui, Hélène, oui, s'écria le jeune homme ; à tout prix, partons.

FIN DU DEUXIÈME VOLUME.

www.ingramcontent.com/pod-product-compliance
Lightning Source LLC
Chambersburg PA
CBHW060358170426
43199CB00013B/1909